保育で使える 合奏楽譜ベストセレクション

はじめに

この合奏楽譜集は、現場の先生方にアンケートのご協力をいただき、
「本当に欲しい」曲を集めてつくりました。
頂いたアンケートを拝見すると、先生方はいつも子どもたちのことを
思い、考え、悩んでいることがよく分かりました。
私も現場で指導をしておりますが、子どもたちに負担にならず楽しく、
みんなで一つの合奏をつくり上げる喜び、達成感、充実感などを
感じてほしいと願っております。
クラスの子どもたちが楽しいと思える、
子どもたちの姿に合った曲を選んでいただければと思います。
選曲のお手伝いができれば幸いです。

佐藤千賀子

もくじ

はじめに	1
ジャンル別索引	4
本書の特長と見方	5

序章

楽しく進めよう！発表会までの流れ	6
楽器の使い方	8
一つの曲を各年齢で ♪いちばんぼしみつけた〈2～5歳児〉	12

2歳児

		スズ	タンブリン	カスタネット	ウッドブロック
発達と音楽	14				
さんぽ	16	●	●	—	—
星のくにのクリスマス	18	●	●	—	—
いちわのからす	20	●	●	●	〒
幸せなら手をたたこう	22	●	●	●	—
ミッキーマウス・マーチ	25	●	●	—	—
おもちゃのマーチ〈2～3歳児〉	28	●	—	—	—
かえるの合唱〈2～3歳児〉	30	●	●	—	—

3歳児

		スズ	タンブリン	カスタネット	ウッドブロック
発達と音楽	32				
どんぐりころころ〈2～3歳児〉	34	●	●	●	—
ハイ・ホー〈2～3歳児〉	36	●	●	●	—
ジングル・ベル	39	●	●	●	—
ほたるこい	42	●	●	●	—
世界中のこどもたちが	45	●	●	—	—
元気になれそう〈3～4歳児〉	49	●	●	—	〒
夢をかなえてドラえもん〈3～4歳児〉	53	●	●	●	—
のりものメドレー（電車ごっこ～汽車ポッポ）〈3～4歳児〉	57	●	●	●	—

4歳児

発達と音楽 …… 62

曲名	スズ	タンブリン	カスタネット	トライアングル	シンバル	ウッドブロック	小ダイコ	大ダイコ
ありがとうの花〈3～4歳児〉…… 64	○	○	○	△	−	−	○	○
狼なんかこわくない…… 67	○	○	○	△	−	○	○	○
序曲（ドラゴンクエストより）…… 71	○	○	○	△	○	○	○	○
手をたたきましょう…… 74	○	○	○	△	○	−	○	○
となりのトトロ…… 77	○	○	○	△	○	○	○	○
ウィンター・ワンダーランド…… 81	○	○	○	△	○	○	○	○
星に願いを…… 85	○	○	○	△	○	○	○	○
あしたははれる…… 89	○	○	○	△	○	○	○	○
アメリカン・パトロール〈4～5歳児〉…… 93	○	○	○	△	○	○	○	○
歓喜の歌〈4～5歳児〉…… 98	○	○	○	△	○	○	○	○
クシコスポスト〈4～5歳児〉…… 101	○	○	○	△	○	−	○	○
星メドレー（きらきら星～おほしがひかる～きらきら星）〈4～5歳児〉…… 107	○	○	○	△	○	○	○	○

5歳児

発達と音楽 …… 114

曲名	スズ	タンブリン	カスタネット	トライアングル	シンバル	ウッドブロック	小ダイコ	大ダイコ	鉄琴	木琴	鍵盤ハーモニカ	キーボード	ティンパニー
ピクニック〈4～5歳児〉…… 116	○	○	○	△	○	−	○	○	○	○	○	−	−
ゆかいに歩けば〈4～5歳児〉…… 120	○	○	○	△	○	○	○	○	○	○	○	−	−
ビビディ・バビディ・ブー〈4～5歳児〉…… 125	○	○	○	△	○	−	○	○	○	○	○	−	−
エレクトリカルパレードのテーマ…… 129	○	○	○	△	○	○	○	○	○	○	○	−	−
崖の上のポニョ…… 134	○	○	○	△	○	○	○	○	○	○	○	−	−
勇気100%…… 141	○	○	○	△	○	○	○	○	○	○	○	−	−
ミリタリーマーチ…… 146	○	○	○	△	○	○	○	○	○	○	○	○	○
インディアンの太鼓…… 155	○	○	○	△	○	○	○	○	○	○	○	−	○
そりすべり…… 163	○	○	○	△	○	○	○	○	○	○	○	−	−
JUPITER…… 170	○	○	○	△	○	○	○	○	○	○	○	−	○
シンコペーテッド・クロック…… 181	○	○	○	△	○	○	○	○	○	○	○	○	○
情熱大陸…… 190	○	○	○	△	○	○	○	○	○	○	○	−	−
雨メドレー（雨にぬれても～雨ふり～雨にぬれても）…… 198	○	○	○	△	○	○	○	○	○	○	○	−	−

発表会でよくある！　困りごとQ&A …… 204　　コード表 …… 206

ジャンル別索引

人気アニメ映画

2歳児	さんぽ	16
2歳児	ミッキーマウス・マーチ	25
2〜3歳児	ハイ・ホー	36
3〜4歳児	元気になれそう	49
4歳児	狼なんかこわくない	67
4歳児	となりのトトロ	77
4歳児	星に願いを	85
4〜5歳児	ビビディ・バビディ・ブー	125
5歳児	エレクトリカルパレードのテーマ	129
5歳児	崖の上のポニョ	134

人気曲

2歳児	幸せなら手をたたこう	22
2〜3歳児	おもちゃのマーチ	28
2〜3歳児	かえるの合唱	30
2〜3歳児	どんぐりころころ	34
3歳児	世界中のこどもたちが	45
3〜4歳児	ありがとうの花	64
4歳児	手をたたきましょう	74
4歳児	あしたははれる	89
4〜5歳児	ピクニック	116
4〜5歳児	ゆかいに歩けば	120
5歳児	インディアンの太鼓	155
5歳児	情熱大陸	190

クリスマス

2歳児	星のくにのクリスマス	18
3歳児	ジングル・ベル	39
4歳児	ウィンター・ワンダーランド	81
5歳児	そりすべり	163

アニメ・ゲーム

3〜4歳児	夢をかなえてドラえもん	53
4歳児	序曲（ドラゴンクエストより）	71
5歳児	勇気100%	141

オリジナルメドレー

3〜4歳児	のりものメドレー（電車ごっこ〜汽車ポッポ）	57
4〜5歳児	星メドレー（きらきら星〜おほしがひかる〜きらきら星）	107
5歳児	雨メドレー（雨にぬれても〜雨ふり〜雨にぬれても）	198

わらべうた

2〜5歳児	いちばんぼしみつけた	12
2歳児	いちわのからす	20
3歳児	ほたるこい	42

クラシック

4〜5歳児	アメリカン・パトロール	93
4〜5歳児	歓喜の歌	98
4〜5歳児	クシコスポスト	101
5歳児	ミリタリーマーチ	146
5歳児	JUPITER	170
5歳児	シンコペーテッド・クロック	181

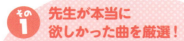

本書には、合奏がうまくいくコツがぎゅっと詰まっています！
子どもたちと一緒に、発表会に向けて合奏を楽しみましょう！

その1 先生が本当に欲しかった曲を厳選！

現場の先生方にアンケートを募り、特に人気だった曲を集めています。幅広いジャンルから曲を選べるので、子どもたちも大好きなやってみたい曲がきっと見つかります！

※曲は全て子どもが合奏しやすいように編曲しております。

その2 発達を踏まえた合奏楽譜だから、楽しくできる！

各年齢ごとに、その年齢の子どもたちがどのように音楽と関わるのかを示しています。発達に応じた楽器や曲選びができます。

その3 合奏がうまくいくコツがいっぱい！

合奏をする上で押さえておきたいコツや、子どもたちが楽しめる導入方法などを紹介。これで合奏がうまくいく！

★ 演奏のコツ
曲の基盤となるリズムをパターンで示しています。初めに、このリズムパターンを覚えて練習しましょう。また、盛り上がりポイントを意識することで、合奏にメリハリがつきます。もっと盛り上がるアレンジで更に華やかになります。

★ 演奏時間
演奏にかかる目安の時間を示しています。

★ 楽器と数の目安
使用する楽器の種類と人数の割合を円グラフで示しています。クラスの人数によって調整してください。

楽譜上で意識するポイントを朱字にしています。楽譜を読むときに参考にしてください。

★ ピアノ伴奏のコツ
ピアノ伴奏をする上での注意や、リズムが難しいときの対応などを紹介しています。

★ 導入方法
合奏を始める前に、曲に親しむためのリズム遊びや楽器遊びを紹介しています。

保育者に聞いた、合奏をする上での困りごとと解決策を紹介しています。子どもたちと楽しく合奏を進めるためのアドバイスは必見です！

5

序章

合奏を楽しく進めるために知っておきましょう。

発表会までの流れ

楽しく進めよう！

子どもが楽しく興味をもって合奏に取り組めると、発表会も楽しみになります。子どもがワクワクする進め方の工夫を紹介します。

1 曲を決める

合奏してみたい曲のイメージを子どもたちと話し合いましょう。ピアノを弾いたり、CDを流したりして、子どもたちが実際に曲を聞きながら決めてもよいですね。

2 曲に親しむ

曲に合わせて自由に身体を揺らしたり、歌詞を「ラララ」に変えて歌ってみたり、歌詞の通りうたったりするなど、身体表現や歌を通して曲を味わいます。子どもたちから、自分らしく、楽しく表現することを引き出していくことが大切です。本書では、各曲それぞれの導入方法を紹介していますので、参考にしてください。

3 基本のリズム打ち

歌いながら、基本のリズムパターンを手拍子してみましょう。手拍子ができたら足も使うなどして、身体全体でリズムを感じ取りましょう。リズムパターンを把握したら、クラスを2つの楽器のリズムに分けて手拍子してみましょう。これができると、合奏へとつながります！

4 楽器に慣れる

実際にいろいろな楽器に触れてみましょう（楽器の使い方は、p.8～p.11参照）。3をしたあとは、同様に2グループに分かれ、楽器を使ってリズムをとりましょう。楽器を交換して同じ練習をすると、全体のリズムをみんなが体験することができます。

5 楽器を決める

まずは子どもの自主性を大切にして決めましょう。やりたい楽器がその子にとって難しそうなときは、子どもの気持ちに寄り添ってことばがけをし、他の楽器にも触れられる機会をつくりましょう。不人気の楽器があるときは、どの楽器も大切であることを伝えましょう。

6 部分練習

いきなり合わせるのは難しいので、パート別で練習していきましょう。曲をいくつかに区切り、少しずつ範囲を広げていくとよいでしょう。

7 全体練習

みんなで並んで演奏してみましょう。「お友達の音、どこから聞こえてくるかな？」「今のメロディはここから聞こえてきているね！」など、音がどこから聞こえてきているのか、子どもたちが気付けるようにことばがけをすると、子どもたちは互いの音をよく聞くようになります。すると、しぜんと子どもたちが音に集中して練習できます。

8 仕上げ

子どもたち同士で、テンポや強弱などを話し合ってみましょう。自分たちで考えることでみんなで合わせたい気持ちが高まります。

本番
みんなで演奏できる時間を楽しみましょう！

楽器の使い方

正しい楽器の使い方を知り、それぞれの楽器が奏でるすてきな音をみんなで楽しみましょう！

スズ

持ち方
- 左手で輪をつかむように持ちます。
- 人数が少ないときは、1人で2つ、左手で持ちましょう。

打ち方
- 右手をグーにして、左手首を軽く打ちます。このとき、楽器を持っている左手は動かさないのが基本です。

別の鳴らし方
- 楽器を細かく揺らす「トリル奏法」のときも、左手で持って振りましょう。トリル奏法のみの楽譜のときは、右手で持ってもよいでしょう。

カスタネット

持ち方
- 左手の人さし指、または中指をゴムひもの輪に通し、手の平の中心に楽器を置いて安定させます。

打ち方
- 右手はピアノを弾くときのように指先を軽く丸め、楽器を指の腹で打ちます。右手首に力が入り過ぎないようにしましょう。楽器を持った左手は動かさないのが基本です。

興味がもてる！ 手づくり楽器

ボトルキャップで
ボトルキャップ同士を打ち合わせると、カチカチとかわいらしい音が鳴ります。

準備物
ボトルキャップ、厚紙、輪ゴム、セロハンテープ

作り方

タンブリン

持ち方
- 左手の親指で鼓面を押さえ、残りの指で枠の内側を支えるようにしっかりと持ちます。誤って、枠の穴の中に指を入れないようにしましょう。

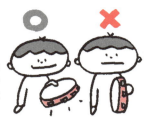

打ち方
- 右手はピアノを弾くときのように指先を軽く丸め、鼓面を指の腹で打ちます。このとき、左手は動かさないようにしましょう。

別の打ち方
- 右手の指先を伸ばして枠を打ち、弱い音を出す「枠打ち」と呼ばれる奏法もあります。
- 枠に付いているスズの振音だけを鳴らす「トリル奏法」には、①左手首を細かく回す奏法と、②右手の親指の先で鼓面をこする奏法の2つがあります。

トライアングル

持ち方
- ひも(細くて丈夫な物)で輪を作り、その中に左手の親指と人さし指を入れてぶら下げます。音が響かなくなるので、楽器を直接握らないようにしましょう。
- 打つ棒は右手で軽く握ります。

打ち方
- 三角形の底辺を内側から軽く打つのが基本です。斜辺の部分を外側から打つ場合もあります。
- 打つとき、角度が直角になるように留意しましょう。左手を動かさないように固定します。

別の打ち方
- 小刻みに打つ「トリル奏法」のときは、三角形の二辺の内側の隅を軽く素早く往復させます。

止め方
- 左手の残りの指で、楽器の上部を軽く握ると音が止まります。

シンバル

持ち方
- シンバルをスタンドに立てて腰の高さにセットします。スタンドが無い場合は左手でつり皮を持ちます。
- 両手打ちをするときは、シンバルを下向きに置き、皮バンドに手首を通します。親指と人さし指で皮バンドの元をしっかりと押さえて持ちましょう。

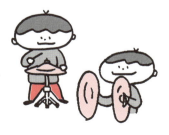

打ち方
- 片手打ちのときは、小ダイコのばちで中心に近い所を打つと鋭く、外側にいくほどに柔らかい音色が出ます。楽器を持っている左手はなるべく動かさないようにします。
- 両手打ちのときは、両方のシンバルを垂直に合わせたところから一度左右に開き、打ち合わせます。

止め方
- スタンドシンバルのときは、空いているほうの手で握って音を止めます。
- 両手打ちのときは、体に付けて止めます。

ウッドブロック

持ち方
- 左手で楽器をしっかりと持ちます。

打ち方
- 左手は動かさないで右手でばちを持って打ちます。
- 左右に高低の音があります。

興味がもてる！ 手づくり楽器

乳酸菌飲料の空き容器で
乳酸菌飲料の空き容器を2つ組み合わせると、簡単にウッドブロックに！

準備物
乳酸菌飲料の空き容器2つ(アルミ缶でもよい)、割り箸、ビニールテープ

作り方

ビニールテープで留める

ウィンドチャイム

鳴らし方
- 金属の棒で楽器の表面をなでるようにして音を鳴らします。

止め方
- クッションの付いた棒を使って音を止めます。

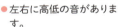

9

小ダイコ

持ち方
- 鼓面を子どもの腰の高さに水平にセットしてから、それをやや右に傾けます。
- ばちの持ち方は、中ほどを上から軽く持ち、「ハ」の字に構えます。

打ち方
- 2本のばちは同時には打たず、交互に打ちます。
- 幼児は1本のばちだけで打つのもよいでしょう。

興味がもてる！ 手づくり楽器

ステンレスの皿で
持ちやすく、カンカンと楽しい音が出るので子どもたちも夢中です！

準備物
ステンレスの皿、スポンジ、割り箸などの棒、接着剤

作り方
接着剤で貼り付ける
スポンジ
ステンレスの皿

大ダイコ

持ち方
- ばちは、右手の親指と人さし指で持ち、残りの指で握るようにして中ほどを持ちます。

打ち方
- 真ん中より枠に近いほうを斜め上からすり下ろし、すり上げして打ちましょう。

打点

別の打ち方
- 難しいときは、やや斜め上から軽く打つ程度でもよいでしょう。または鼓面に対してほぼ直角に打ってもよいでしょう。

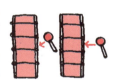

興味がもてる！ 手づくり楽器

バケツで
太くて低い音が鳴ります。たくさんたたいて、タイコを楽しみましょう！

準備物
バケツ、布テープ

作り方
バケツ
布テープをピーンと張って貼る

ティンパニー

持ち方
- ばちは親指と人さし指で持ち、他の指は軽く握ります。

打ち方
- 鼓面中央ではなく、手前の中央を、弾くように打ちます。力の入れ方で強弱ができます。

鉄琴

持ち方
- 高さは子どもの腰の位置にくるように、足台などで調整します。
- ばちは中ほどを軽く持ち、2本を使う場合「ハ」の字に構えますが、1本でも十分です。
- ばちの角度は左右が直角になるように構えます。

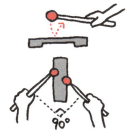

打ち方
- 一番響く真ん中を打ちましょう。
- 右手のばちだけで打ってもよいです。
- 速いリズムやオクターブなどのときは両手で打ちます。
- 音が響くように、押さえ込まず弾いて打つようにします。

木琴

持ち方
- 高さは腰の位置になるように、足台などで調整します。
- ばちの中ほどを親指と人さし指で持ち、残りの指と手の平で軽く支えます。
- ばちの角度は左右が直角になるように構えます。

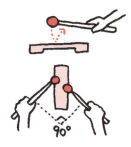

打ち方
- 一番響く真ん中を打ちましょう。
- 肩の力を抜いて手首を柔らかくし、交互打ちします。交互打ちが難しいときは、片手だけで打ってもよいでしょう。
- 音が響くように、押さえ込まず弾いて打つようにします。

鍵盤ハーモニカ

持ち方
- 唄口は、半分くわえます。くわえすぎないようにしましょう。
- 机の上に置いて、唄口に長い管を付けて演奏する場合と、笛のように縦に持って演奏する場合があります。
- 縦に持つときは、裏側のベルトに左手を入れて、ぐらぐらしないようにしっかりと持ちましょう。

弾き方
- 同じ音が続くときは、舌の先を使って「tutu」と音を切る（タンギング）と、指をいちいち押さえなくても音がはっきりします。まずは、「tutu」を口で練習するとよいでしょう。

キーボード

弾き方
- 鍵盤から指が離れると音が切れてしまうので、その音符の長さをしっかりと押さえて弾きましょう。
- 何台かで演奏するときは、音色ボタン、音量をそろえましょう。
　※ Aの音（ラ）をピアノと同じ442Hzに合わせると、子どもたちの楽器とピアノの音の高さが合って音が整います。

一つの曲を各年齢で

♪ いちばんぼしみつけた

わらべうた　編曲／佐藤千賀子

楽器を増やしたりリズムを変えたりして、同じ曲でも2〜5歳児、どの年齢でも使える曲になります。ほかの曲でも試してみましょう。

演奏時間　約30秒
- 2回繰り返して演奏しましょう。

押さえておきたい！ 演奏のコツ （これができたら大丈夫!!）

基本のリズムパターン

まずは、このリズムで手拍子などをしてみましょう。

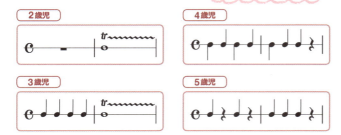

ピアノ伴奏のコツ

- 左手は を繰り返しても良いです。
- 右手の和音が難しいときは、一音でメロディをはっきりと弾けるように練習しましょう。

楽器と数の目安

楽器の種類	25人なら…
鉄琴	
木琴	
鍵盤ハーモニカ	
スズ	
タンブリン	
トライアングル	
ウッドブロック	
小ダイコ	
大ダイコ	

2歳児
- スズ…………25人

3歳児
- スズ…………13人
- タンブリン……12人

4歳児
- スズ…………12人
- タンブリン……11人
- 小ダイコ………1人
- 大ダイコ………1人

5歳児
- 鉄琴……………2人
- 木琴……………2人
- 鍵盤ハーモニカ…4人
- トライアングル…7人
- ウッドブロック…10人

楽器アレンジ

4歳児は、スズとタンブリンをウッドブロックに代えても演奏できます。5歳児は、トライアングルのリズムでスズ、タンブリン、カスタネットを加えることもできます。

年齢別 楽器の構成

年齢によって、使える楽器は変わります。どの年齢がどの楽器を使えるのかを理解することで、同じ曲でもアレンジができるようになります。

2歳児
※詳しくはp.14参照

スズ、タンブリン、カスタネットなどの打楽器を1種類のみ使って演奏します。（子どもの様子に合わせて、種類を増やしてもOK）

3歳児
※詳しくはp.32参照

たくさんの楽器を使うことはまだ難しいですが、スズ、タンブリン、カスタネットなどの打楽器を使った部分奏ができるようになります。

4歳児
※詳しくはp.62参照

大ダイコ、小ダイコ、ウッドブロック、シンバル、トライアングルなどの打楽器を加えて演奏することができるようになります。みんなで合奏する意識も芽生えます。

5歳児
※詳しくはp.114参照

いろいろな打楽器に加えて、木琴、鉄琴、鍵盤ハーモニカなどの有音程楽器を加えることができるようになります。スケールの大きな合奏ができます。

2～4歳児では

5歳児では

> **わらべうたを組み合わせて…**
> 『ひらいたひらいた』『おおさむこさむ』『かごめかごめ』などのわらべうたを続けて演奏すると、メドレーにもできます。曲の間は、4分の4拍子のテンポでウッドブロックを2小節打ち、次の曲につなげましょう。

2歳児の発達と音楽

おおよその発達を理解し、合奏指導の参考にしてください。

♪ 2歳児におすすめの曲

p.16 さんぽ	p.22 幸せなら手をたたこう
p.18 星のくにのクリスマス	p.25 ミッキーマウス・マーチ
p.20 いちわのからす	p.28 おもちゃのマーチ
	p.30 かえるの合唱

1 何にでも興味津々!

いろいろなことに興味をもつ時期です。音の出る物や楽器に関心がもてるように、環境づくりを工夫しましょう。例えば、スズやカスタネットなどの小さい楽器だけでなく、手作り楽器（タイコ、ウッドブロックなど、p.8〜p.11参照）も保育室にあると興味を引くことができます。

2 音っておもしろい!

音の出る物をたたいたり、スズを振ったり、楽器を使って自己表現したりすることを楽しみます。初めは、曲が終わるまで自由にたたき、次の段階で「ここだけたたこうね」と声を掛けるなどして、発展していくようにしましょう。

3 繰り返しが楽しい!

『いちわのからす』(p.20)などの同じリズムパターンを繰り返す曲が好きです。足踏みやジャンプ、手拍子などをして、身体表現をたくさん経験できるようにしましょう。

0-5歳児 おおよその発達の流れ

0歳児	1歳児	2歳児	3歳児	4歳児	5歳児
●音に反応する ●両手に持っている物を打ち合わせる	●物をたたくと音が出ることに気付き、たたいて喜ぶ ●楽しいテンポの曲を聞くと身体を揺する	●スズやタンブリンなどを振ると音が出ることを喜ぶ ●音の高低、速さ、小物楽器の聞き分け、表現などが分かってくる	●簡単な童謡を最後まで歌う ●音楽に合わせて身体でリズムをとる	●曲の速さに合わせてリズム打ちをする ●音楽やリズムが聞き分けられ、リトミックを楽しむ ●生活の中で、様々な音や動きに興味をもち、楽しむ	●音楽の要素（リズム、メロディ、ハーモニー）に気付き、表現して楽しむ ●リズムに合った楽器を選ぶ ●輪唱、交互唱、部分唱など、いろいろな歌い方を楽しむようになる

音楽がもっと楽しくなる！援助★

★ 音楽に合わせて十分に身体を動かそう

難しいことをせずに、音楽を聞いて揺れたり、歩いたり、ジャンプしたり、手拍子したりするなど、楽しみながら身体を動かす体験をもつことがとても大切です。

★ お返事できるかな？

「〇〇ちゃん」と名前を呼び、リズム良く「は・あ・い」と返事をする遊びをしてみましょう。簡単なリズムのわらべうたも分かりやすいので、しぜんとリズムが身につき、効果的です。

音楽を日常でも楽しもう！

この頃の子どもたちは、音楽が聞こえてくると、しぜんと反応できるようになります。リズムに合わせて動物のまねをしたり、いろいろな楽器に触れて音を出して楽しんだり、歌いながら散歩したりと、音楽を通して様々なことを体験してみましょう。

楽器の編成と並び方

2歳児は、扱いやすい打楽器を使います。保育者の顔が見やすいように、なるべく一列に並びましょう。

＊保育者が合図を出しやすく、子どもたちも分かりやすい並び方にしてください。

♪ さんぽ

2歳児

作詞/中川李枝子　作曲/久石 譲　編曲/佐藤千賀子

『となりのトトロ』の挿入歌です。みんなで楽しくお散歩しましょう。何と出会えるか楽しみですね。

演奏時間　約1分
- 長くしたいときは、2回繰り返しましょう。

押さえておきたい！ 演奏のコツ
これができたら大丈夫!!

基本のリズムパターン

まずは、この2つのリズムで手拍子などをしてみましょう。

パターンⅠ

パターンⅡ

盛り上がりポイント

全楽器がそろう所を元気に楽しく演奏しましょう。

ぐっと盛り上がる **アレンジ**
合奏→歌→合奏という流れにするとメリハリがつきます。

楽器と数の目安

楽器の種類
- スズ
- タンブリン

12人なら…
- 6人（50%）
- 6人（50%）

一つの楽器でも
タンブリンのみ、スズのみでも演奏できます。子どもたちの様子を見て調整しましょう。

ピアノ伴奏のコツ
- 、 などのリズムが出てきます。初めにこれらのリズムを練習し、できるようになったら最初から通してみましょう。

導入方法

みんなで手拍子しよう！

子どもたちがよく知っている曲なので、練習に入りやすいですね。基本のリズム **パターンⅠ** や **パターンⅡ** をみんなで手拍子して合わせてみましょう。そのあと楽器に入るとスムーズです。

1つの楽器の練習から始めよう！

全員が同じ楽器を使って練習してみましょう。慣れてくると、パートに分かれて2つの楽器を使えるようになってきます。子どもの様子を見て取り入れていきましょう。

「スズの音きれいだねー」

2歳児 ♪星のくにのクリスマス

作詞/阿部 恵　作曲・編曲/佐藤千賀子

3拍子の曲です。ゆったりとクリスマス気分を楽しみながら演奏してみましょう。

演奏時間 約1分20秒

- 長くしたいときは、合奏→歌（1～3番）→合奏にしましょう。

押さえておきたい！ 演奏のコツ
これができたら大丈夫!!

基本のリズムパターン

まずは、この2つのリズムで手拍子などをしてみましょう。

パターンI

パターンII

盛り上がりポイント

最後の4小節をみんなで合わせられると盛り上がります。

もっと盛り上がる アレンジ

Cの始めの ♪♪♪ ♩♩ は、1回目をスズ、2回目をタンブリンにするとメリハリがつきます。

楽器と数の目安

楽器の種類
- スズ
- タンブリン

10人なら…
- 5人（50%）
- 5人（50%）

ピアノ伴奏のコツ

- 3拍子のリズムにのって弾けるように練習してみましょう。
- Bに♯や♮などが出てくるので、見落とさないように注意しましょう。

導入方法　保育者と一緒に曲を楽しもう！

保育者の膝の上で

子どもが保育者の膝の上に座り、保育者と一緒に曲を聞きながらリズムを楽しみます。

保育者と手をつないで

保育者と子どもが手をつなぎ、リズムにのってゆっくりと腕を揺らしてみましょう。

♪ 星のくにのクリスマス

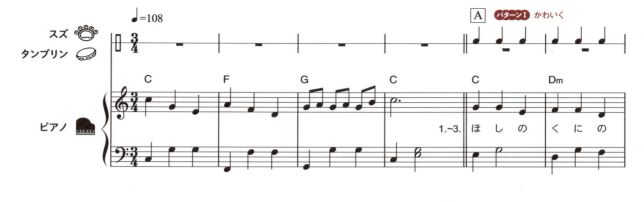

2歳児 ♪いちわのからす

わらべうた　編曲/佐藤千賀子

カラス、ニワトリ、魚、おじいさんが出てきます。誰がどの楽器を演奏するか、みんなで一緒に考えても楽しいですね。

演奏時間　約40秒
- 長くしたいときは、何回か繰り返し演奏しましょう。

押さえておきたい！ 演奏のコツ　これができたら大丈夫!!

基本のリズムパターン

まずは、このリズムで手拍子などをしてみましょう。

パターンⅠ

盛り上がりポイント

楽器の種類が増えるときと減るときの音の大きさの変化にメリハリをつけると、聞き映えがしますね。

楽器と数の目安

楽器の種類
- カスタネット
- スズ
- タンブリン
- ウッドブロック

20人なら…

- ウッドブロック 5人（25％）
- カスタネット 5人（25％）
- タンブリン 5人（25％）
- スズ 5人（25％）

楽器ごとに違う役になっても

カラス、ニワトリ、魚、おじいさん、それぞれにピッタリの楽器を子どもと考えて変更しても楽しいです。

ピアノ伴奏のコツ

- ピアノの左手は、全て同じ音なので弾きやすいです。
- ピアノの代わりに大ダイコなどで ♩♩♩𝄽 のリズムを打っても良いです。

導入方法

ペープサートで遊ぼう！

曲に親しむために、カラス、ニワトリ、魚、おじいさんのペープサートを作って遊んでみましょう。曲のイメージが湧いて、楽しめますね。

楽器を鳴らすタイミングを遊びの中で覚えよう！

遊んでから楽器に入ると、イメージが分かりやすく、スムーズにできます。

❶ 地面にフープを置きます。4人組をつくり、役を決めます。フープの周りに立ちます。

❷「いちわのからす」のとき、カラス役の子どもがフープに入り、その後も歌に出てくる役の順番に入ります。

❸「いちぬけろ」でカラス役の子どもがフープの外に出て、その後も同様に続きます。

20

♪ いちわのからす

2歳児

♪ 幸せなら手をたたこう

アメリカ民謡　訳詞/木村利人　編曲/佐藤千賀子

思わず動きたくなる楽しくてリズミカルな曲です。身体を動かし、身体全体で楽しく表現しましょう。

演奏時間　約1分50秒
- 短くしたいときは、Bを1回だけにします。長くしたいときは、Cを繰り返しましょう。

押さえておきたい！ 演奏のコツ　これができたら大丈夫!!

基本のリズムパターン

まずは、この2つのリズムで手拍子などをしてみましょう。

パターンⅠ

パターンⅡ

盛り上がりポイント

Cの順番に楽器を鳴らす所が見せ所です。1つずつの楽器をしっかり聞かせましょう。

楽器と数の目安

楽器の種類
- スズ
- タンブリン
- カスタネット

15人なら…

- 5人 (33%)
- 5人 (33%)
- 5人 (33%)

一つの楽器でも

3つの楽器を使用する楽譜ですが、一つの楽器でもできます。クラスの様子や人数に合わせて選択してください。

ピアノ伴奏のコツ

- 循環コード※でできていますので、最初の4小節をしっかり弾けるようにしましょう。
- 和音で弾いてみてから、実際の楽譜のように分散して練習すると弾きやすいです。

※循環コード…一定の和音の繰り返しのこと。

導入方法

たくさん遊ぼう！

歌詞通りに身体表現が楽しめる曲です。手や足、肩、膝、尻など、身体のいろいろな所を使って遊んでみましょう。たくさん遊んだあと、楽器に入るとスムーズです。

22

♪ 幸せなら手をたたこう

♪ ミッキーマウス・マーチ

2歳児

作詞・作曲/Dodd Jimmie　訳詞/漣 健児　編曲/佐藤千賀子

子どもたちが大好きなミッキーマウスの曲です。元気いっぱい楽しく行進してみましょう！

演奏時間　約2分
- 短くしたいときは、Bの繰り返しを省きます。
- Aの前奏は4小節のみでもよいです。

押さえておきたい！ 演奏のコツ
これができたら大丈夫!!

基本のリズムパターン
まずは、この2つのリズムで手拍子などをしてみましょう。

パターンI

パターンII

盛り上がりポイント
Cをより元気良く演奏できると盛り上がります。

もっと盛り上がる アレンジ
Bの繰り返しでスズ、タンブリンの順番を変えると、変化が出て楽しいです。
Cの最初の4小節でスズとタンブリンを同時に打っている所を、休符の部分をスズで打ち、掛け合いにすると、更に聞き映えが良くなります。

楽器と数の目安

楽器の種類
- スズ
- タンブリン

20人なら…
- スズ 10人 (50%)
- タンブリン 10人 (50%)

一つの楽器でも
スズのみでも演奏できます。

ピアノ伴奏のコツ
- 8分の6拍子をしっかり把握し、身体でテンポを感じながら練習するようにしましょう。
- ♪が短くなりがちなので正確に弾きましょう。

導入方法

元気に行進してみよう！
よく耳にする曲なので、子どもたちも親しみやすいですね。曲に合わせて元気に行進してみましょう。身体でリズムを感じられます。

♪ ミッキーマウス・マーチ

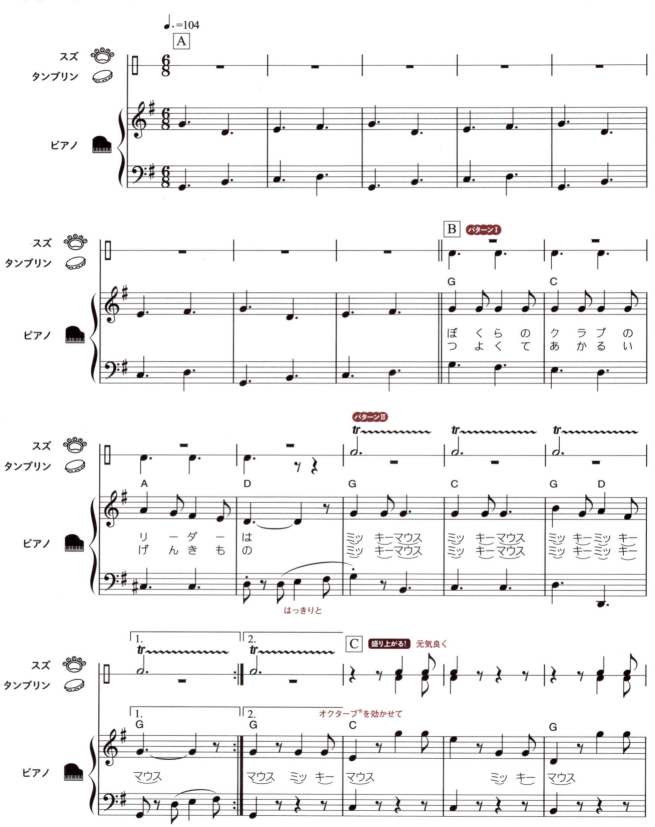

※オクターブ…ある音から数えて8番目にあたる音。

♪ ミッキーマウス・マーチ

©1963, 2015 by NICHION, INC.
& SHINKO MUSIC ENTERTAINMENT Co., LTD.

♪おもちゃのマーチ

作詞/海野 厚　作曲/小田島樹人　編曲/佐藤千賀子

どんなおもちゃが行進しているのかな？　みんなも曲に合わせて行進してみましょう。

演奏時間　約1分
- 短くしたいときは、Cを省きましょう。
- 長くしたいときは、ABCBの順に演奏しましょう。

押さえておきたい！ 演奏のコツ　これができたら大丈夫!!

基本のリズムパターン

まずは、このリズムで手拍子などをしてみましょう。

パターンⅠ

盛り上がりポイント

ではスズをシャラシャラと振るのを楽しみましょう。

楽器と数の目安

楽器の種類
🐾 スズ

15人なら…

15人
(100%)

3歳児では…
3歳児が演奏するときは、4小節ごとにスズ、タンブリン、カスタネットと順に演奏し、最後の4小節で3つの楽器を同時に演奏すると華やかです。

ピアノ伴奏のコツ

- 左手は♪♩がほとんどなので、まずはこの指の動きに慣れることから始めましょう。

導入方法

歌を覚えよう！

初めに、歌をうたえるようになりましょう。手拍子しながら歌うと、より楽しくなります。

スズをシャラシャラしてみよう！

♪をスズで少しずつ手首を動かして鳴らしてみましょう。保育者が見本を見せて、きれいな音色を聞かせてあげると、興味が湧きますね。

♪ おもちゃのマーチ

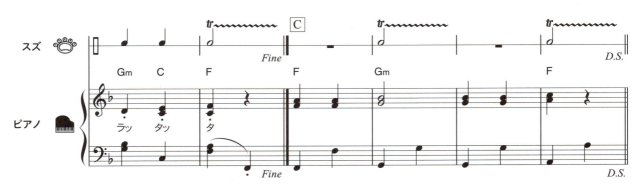

※オクターブ…ある音から数えて8番目にあたる音。

♪ かえるの合唱

2〜3歳児

ドイツ民謡　訳詞/岡本敏明　編曲/佐藤千賀子

カエルの鳴き声をまねしてみましょう。どんなカエルがいるのかな？
楽器でも楽しく演奏しましょう。

演奏時間　約1分
- 長くしたいときは、A B C B の順に演奏しましょう。
- C にすぐに入るのが難しいときは、A を挟みましょう。

押さえておきたい！ 演奏のコツ　これができたら大丈夫!!

基本のリズムパターン

まずは、この2つのリズムで手拍子などをしてみましょう。

パターンⅠ

パターンⅡ

盛り上がりポイント

C の追いかけっこは難しい所ですが、こごがきまるとすてきな演奏になります。

楽器と数の目安

楽器の種類
- スズ
- タンブリン

20人なら…

タンブリン 10人（50%）　スズ 10人（50%）

3歳児では…
カスタネットを加え、2小節ずつ、スズ、タンブリン、カスタネットの順に演奏し、7・8小節目のカスタネットは♪♪♪♪♪♪と演奏しましょう。C のカスタネットはタンブリンと同じリズムでたたきます。

ピアノ伴奏のコツ
- 左手は音階が出てきます。聞き手に届くようにしっかり弾きましょう。
- C は追いかけっこを楽しんで弾きましょう。

導入方法　歌をうたってリズムを楽しもう！

❶ 手拍子でリズムをとったり歌をうたったりして、リズムを覚えましょう。

❷ そのあと、歌の追いかけっこをし、階名唱もやってみましょう。

♪ かえるの合唱

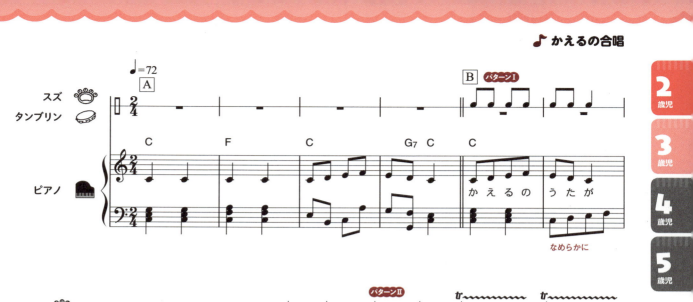

3歳児の発達と音楽

おおよその発達を理解し、合奏指導の参考にしてください。

🎵 3歳児におすすめの曲

p.34 どんぐりころころ	p.45 世界中のこどもたちが
p.36 ハイ・ホー	p.49 元気になれそう
p.39 ジングル・ベル	p.53 夢をかなえてドラえもん
p.42 ほたるこい	p.57 のりものメドレー

1 歌って楽しいな！

『どんぐりころころ』(p.34) など、簡単な童謡を最後まで歌えるようになります。毎日の保育の中で何度も繰り返し歌い、子どもが「楽しいな」と感じられる選曲をすることが大切です。少しずつ、手拍子や楽器で歌の中のリズムがとれるようになってきます。

2 身体を使うのが楽しい！

歩く、走る、跳ぶ、登るなどの基本的な運動機能が目に見えて巧みになる頃です。歩く、走る、スキップする、止まるなどの動作を、ピアノの曲に合わせてしてみましょう。例えば、ウマ、ウサギ、カメなど、好きなものを伸び伸びと身体表現すると楽しいです。

3 リズムをとれるよ！

手足を使ってリズムをとるようになります。音楽(歌)をきちんと聞き、自分以外のパートを聞き分けられるようになり、自分の所で楽器を鳴らすことができるようになります。

4 友達と一緒に！

友達に関心をもち、同じことをしたい気持ちが高まります。みんなで合わせたい気持ちが芽生えます。

0-5歳児 おおよその発達の流れ

0歳児	1歳児	2歳児	3歳児	4歳児	5歳児
●音に反応する ●両手に持っている物を打ち合わせる	●物をたたくと音が出ることに気付き、たたいて喜ぶ ●楽しいテンポの曲を聞くと身体を揺する	●スズやタンブリンなどを振ると音が出ることを喜ぶ ●音の高低、速さ、小物楽器の聞き分け、表現などが分かってくる	●簡単な童謡を最後まで歌う ●音楽に合わせて身体でリズムをとる	●曲の速さに合わせてリズム打ちをする ●音楽やリズムが聞き分けられ、リトミックを楽しむ ●生活の中で、様々な音や動きに興味をもち、楽しむ	●音楽の要素(リズム、メロディ、ハーモニー)に気付き、表現して楽しむ ●リズムに合った楽器を選ぶ ●輪唱、交互唱、部分唱など、いろいろな歌い方を楽しむようになる

音楽がもっと楽しくなる！援助 ★

★ 歌からリズム打ちに

リズム打ちができる曲を選曲し、ふだんの保育の中で歌いましょう。『幸せなら手をたたこう』(p.22)などの曲は、そのままリズム打ちに使えます。まずは、一つの楽器のみで演奏すると無理なくできますよ。

こんな遊びも！！

保育者は、楽器を後ろに隠しておき、「何か聞こえるよ〜！」と言いながら楽器を鳴らします。そして、「何の楽器かな？」と子どもたちに投げ掛けてみます。スズ、タンブリン、カスタネット、トライアングルなど、楽器の名前と音が一致するように当てっこをして遊んでみましょう。

楽器の編成と並び方

3歳児は、扱いやすい打楽器を分担して部分的に演奏します。各曲の楽器の登場順に並ぶのもいいでしょう。

＊保育者が合図を出しやすく、子どもたちも分かりやすい並び方にしてください。

タンブリン　スズ　カスタネット

♪どんぐりころころ

2〜3歳児

作詞／青木存義　作曲／梁田 貞　編曲／佐藤千賀子

どんぐりころころ…お池の中に落っこちた！　どんぐりさんはどうなったのかな？　子どもたちとお話を楽しみながら曲に親しみましょう。

演奏時間　約1分

- 長くしたいときは、Bを2回繰り返した後、C→Bの順に演奏しましょう。

押さえておきたい！ 演奏のコツ　これができたら大丈夫‼

基本のリズムパターン

まずは、この2つのリズムで手拍子などをしてみましょう。

パターンⅠ

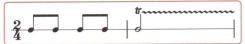

パターンⅡ

盛り上がりポイント

「ぼっちゃんいっしょにあそびましょう」の所で、元気に弾むように演奏すると盛り上がります。

楽器と数の目安

楽器の種類

 スズ
タンブリン
カスタネット

24人なら…

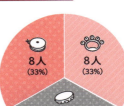

- スズ 8人 (33%)
- タンブリン 8人 (33%)
- カスタネット 8人 (33%)

2歳児では…

スズ、タンブリンのみで演奏します。Bのカスタネットのパートは、タンブリンで**パターンⅠ**を演奏します。Cはカスタネットのリズムをタンブリンでたたきましょう。

ピアノ伴奏のコツ

- 歌の通りの伴奏なので、分かりやすいです。二重音※が難しいときは、単音で弾いてもOKです。

※重音…二つ以上の音を同時に出すこと。

導入方法

紙芝居にしてお話を楽しもう！

『どんぐりころころ』の歌詞をお話にして紙芝居を作ってみましょう。曲のイメージがより分かりやすくなります。

♪ どんぐりころころ

2~3歳児 ♪ハイ・ホー

作詞/Morey Larry　作曲/Churchill Frank E　訳詞/不詳　編曲/佐藤千賀子

『白雪姫』のお話に出てくる小人たちの曲です。小人になったつもりで、陽気に楽しく演奏しましょう。

演奏時間　約1分30秒
- 短くしたいときは、1. を省いて 2. に移りましょう。
- 長くしたいときは、2回繰り返しましょう。

押さえておきたい！ 演奏のコツ
これができたら大丈夫!!

基本のリズムパターン
まずは、このリズムで手拍子などをしてみましょう。

パターンⅠ

2拍子の拍の取り方を保育者が把握し、遅くならないように注意しましょう。

盛り上がりポイント
Bを軽やかに演奏すると楽しいです。

楽器と数の目安

楽器の種類
- スズ
- タンブリン
- カスタネット

27人なら…
- 9人 (33%)
- 9人 (33%)
- 9人 (33%)

2歳児では…
スズ、タンブリンのみにします。Aの9小節目以降のカスタネットのパートは、4小節タンブリン、4小節スズ、Bは1回目をスズ、繰り返しをタンブリンにしましょう。

ピアノ伴奏のコツ
- 途中から、左手にスタッカートが付いています。軽やかに弾きましょう。

導入方法

お話を通して曲にふれよう！
子どもたちと一緒にビデオやDVDを見たり、CDで曲を聞いたりして、『白雪姫』のお話の中に出てくる曲だと知らせましょう。曲のイメージも広がります。

ごっこ遊びでもっと夢中に！
白雪姫のごっこ遊びをしてみましょう。みんなで小人になったつもりで、胸をはって歌いましょう。歌詞も楽しく覚えられますね。

3歳児 ♪ジングル・ベル

作詞／不詳　作曲／Pierpont James　訳詞／宮澤章二　編曲／佐藤千賀子

サンタさんは来るのかな？　合奏を通して子どもたちもドキドキワクワク…クリスマスを楽しみにする気持ちが高まりますね。

演奏時間　約1分20秒
- 長くしたいときは、BかCに戻って繰り返しましょう。
- 短くしたいときは、Bを省きます。

押さえておきたい！ 演奏のコツ　これができたら大丈夫!!

基本のリズムパターン

まずは、この2つのリズムで手拍子などをしてみましょう。

パターンⅠ

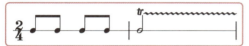

パターンⅡ

楽器と数の目安

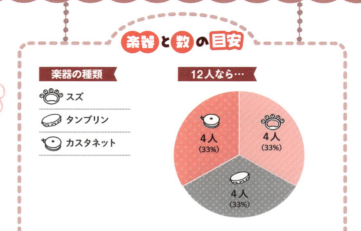

楽器の種類
スズ
タンブリン
カスタネット

12人なら…
- スズ 4人（33%）
- タンブリン 4人（33%）
- カスタネット 4人（33%）

盛り上がりポイント

Cを元気に楽しく演奏して盛り上げましょう。

もっと盛り上がる アレンジ

合奏→歌→合奏にすると、子どもたちの歌声が入り、変化が出ます。

ピアノ伴奏のコツ

- Aの左右のユニゾン※をそろえましょう。
- 左手は のリズムでスズが鳴っている雰囲気を表してみましょう。

※ユニゾン…同じ高さの音、またはオクターブ※で同じ旋律を演奏すること。
※オクターブ…ある音から数えて8番目にあたる音。

導入方法

歌に合わせてみよう！

歌に合わせて基本のリズムをとってみましょう。歌に合わせるとしぜんに身につきます。

主題部分から練習してみよう！

子どもたちがよく耳にする曲なので、練習に入りやすいですね。Cから練習すると、分かりやすいです。

子どもたちに合ったテンポを見つけよう！

初めはゆっくりとしたテンポで練習し、子どもたちに合ったテンポを見つけましょう。

♪ ジングル・ベル

3歳児 ♪ほたるこい

わらべうた　編曲／佐藤千賀子

ピアノ伴奏の代わりにウッドブロックや拍子木などでリズムをたたいて演奏できます。追いかけっこをしているように演奏できるのが楽しいです。

演奏時間　約1分
- 繰り返してエンドレスに続けることもできます。
- 2回演奏し、Bに移ってもいいですね。

押さえておきたい！演奏のコツ
これができたら大丈夫!!

基本のリズムパターン
まずは、このリズムで手拍子などをしてみましょう。

パターンI

盛り上がりポイント
それぞれのパートをしっかり仕上げましょう。追いかけっこのハーモニーがきれいにきまると、感動的です。

楽器と数の目安

楽器の種類
- スズ
- タンブリン
- カスタネット

30人なら…
スズ 10人（33％）／タンブリン 10人（33％）／カスタネット 10人（33％）

一つの楽器でも
スズ、タンブリン、カスタネット、いずれか一つの楽器だけでもできます。

導入方法

まずは歌ってみよう！

❶ みんなで歌を楽しむことから始めましょう。階名唱で歌ってもいいですね。

❷ それぞれのパートに分かれて追いかけっこのように歌いましょう。

❸ パターンI のリズムを手拍子しながら歌います。

● ピアノ伴奏の代わりにウッドブロックや拍子木などでリズムをたたいてみましょう。　　♪ ほたるこい

♪ ほたるこい

歌うときは…

3歳児

♪ 世界中のこどもたちが

作詞/新沢としひこ　作曲/中川ひろたか　編曲/佐藤千賀子

元気いっぱい、子どもたちが笑顔になる曲です。楽しくラララで歌いましょう！

演奏時間 約1分30秒
- 短くしたいときは、Cを省きましょう。

押さえておきたい！ 演奏のコツ
これができたら大丈夫!!

基本のリズムパターン

まずは、この3つのリズムで手拍子などをしてみましょう。

パターンⅠ

パターンⅡ
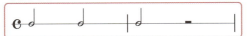

パターンⅢ

楽器と数の目安

楽器の種類
- スズ
- タンブリン
- カスタネット

15人なら…
- 5人 (33%)
- 5人 (33%)
- 5人 (33%)

ピアノ伴奏のコツ
- 左手は ♩♩♩♩ のリズムが流れています。一定のテンポで弾くことを意識してみましょう。
- 右手は ♫ のリズムをしっかりと弾けるようにしましょう。

盛り上がりポイント
Eから元気いっぱい盛り上がりましょう。

導入方法　歌を楽しんでから楽器に入ろう！

❶ 初めに歌詞を「ラララ」に変えて歌い、メロディを覚えましょう。

❷ 次に、歌詞を覚えて歌を楽しみましょう。歌がしっかりうたえるようになると、歌のイメージで演奏できるので、深みのある合奏になります。

♪ **世界中のこどもたちが**

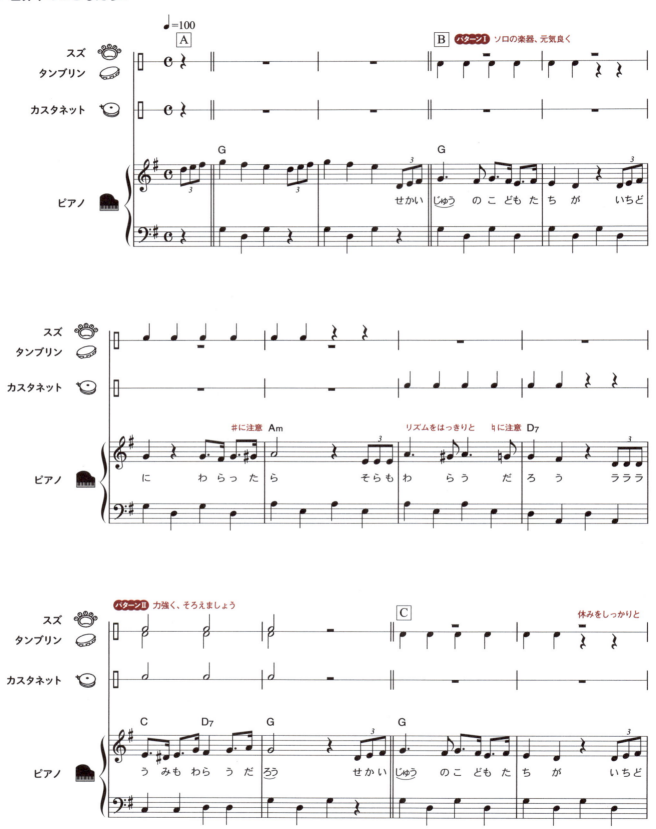

♪ 世界中のこどもたちが

♪ 世界中のこどもたちが

©1989 by CRAYONHOUSE CULTURE INSTITUTE

♪元気になれそう

3~4歳児

作曲／久石 譲　編曲／佐藤千賀子

『魔女の宅急便』の挿入曲です。かわいいメロディを口ずさみながら、楽しく演奏しましょう。

演奏時間　約1分40秒
- 長くしたいときは、DEまで演奏した後、もう一度D Eを繰り返しましょう。

押さえておきたい！ 演奏のコツ　これができたら大丈夫!!

基本のリズムパターン

まずは、この2つのリズムで手拍子などをしてみましょう。

パターンⅠ

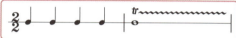

パターンⅡ

2拍子の拍の取り方を保育者が把握し、遅くならないように注意しましょう。

盛り上がりポイント

Eは全楽器がそろうパートです。元気いっぱいの演奏をしましょう。

楽器と数の目安

楽器の種類
- スズ
- タンブリン
- カスタネット
- ウッドブロック

20人なら…
- 5人 (25%) ウッドブロック
- 5人 (25%) スズ
- 5人 (25%) カスタネット
- 5人 (25%) タンブリン

ウッドブロックが無いとき
3つの楽器のみでも演奏できます。

ピアノ伴奏のコツ
- BCDの左手の3音目は、音符が離れているので注意しましょう。難しい場合は、1音目と同じでもできます。
- Cは曲の始めとは違うメロディです。メロディの変化にメリハリを付けましょう。

導入方法

身体でリズムを覚えよう！

ピアノに合わせて、**パターンⅡ**のリズムで手拍子しましょう。タイミングとテンポを体で覚えましょう。2分の2拍子に気を付けてください。

タン タン タン　　ウン

同じリズムで掛け合いをしてみよう！

Cは2つのリズムの掛け合いになっています。スズとタンブリンの組、カスタネットとウッドブロックの組に分かれて掛け合いをしてみましょう。

49

♪ 元気になれそう

♪ 元気になれそう

♪夢をかなえてドラえもん

作詞・作曲／黒須克彦　編曲／佐藤千賀子

子どもたちが大好きな『ドラえもん』の人気曲です。みんなはどんな夢があるかな？　それぞれの夢が膨らみそうですね。

演奏時間　約1分40秒
- 長くしたいときは、Aに戻って繰り返しましょう。
- 短くするときは、Dを省きます。

押さえておきたい！ 演奏のコツ　これができたら大丈夫!!

基本のリズムパターン

まずは、この2つのリズムで手拍子などをしてみましょう。

パターンⅠ

パターンⅡ

盛り上がりポイント

Aの8小節目、Bの8小節目をみんなで声をそろえて大きな声で言ってみましょう。
Dの各パートは聞かせ所です。元気に表現しましょう。

楽器と数の目安

楽器の種類
- スズ
- タンブリン
- カスタネット

24人なら…
- 8人 (33%)
- 8人 (33%)
- 8人 (33%)

4歳児では…

♩♪♪♪のリズムで打楽器を入れましょう。♩は大ダイコ、トライアングル、ウッドブロックの左。♪は小ダイコ、ウッドブロックの右です。

ピアノ伴奏のコツ

- 左手の♪♪♪♪が崩れないように、リズムを保って弾くことを意識しましょう。
- ♪♩のリズムを正確に弾けるようにしましょう。
- 3連符をそろえられるように練習しましょう。

導入方法　歌をうたって曲を楽しもう！

❶ 子どもたちがよく知っている曲です。歌をうたって曲を楽しむことから始めましょう。子どもたちに「どんな夢をかなえたいかな？」と聞いて、ワクワクする気持ちを膨らませたいですね。

❷ 次にリズムをつかむため、歌いながら♪♪♪♪のリズムを手拍子してみましょう。

タン タン タン タン

♪夢をかなえてドラえもん

♪ 夢をかなえてドラえもん

3〜4歳児

♪のりものメドレー（電車ごっこ〜汽車ポッポ）

電車ごっこ：作詞/井上 赳　作曲/下総皖一　編曲/佐藤千賀子
汽車ポッポ：作詞・作曲/本居長世　編曲/佐藤千賀子

トンネルをくぐって、鉄橋を渡って…ワクワクドキドキ。みんなで汽車ポッポになって出発！！

演奏時間　約1分
- メドレーですが、一曲ずつでも演奏できます。

押さえておきたい！演奏のコツ　これができたら大丈夫!!

基本のリズムパターン

まずは、この2つのリズムで手拍子などをしてみましょう。

パターンI

パターンII

盛り上がりポイント

『電車ごっこ』から『汽車ポッポ』に移るとき、4分の2拍子から4分の4拍子に変わりますが、スムーズに移れると、かっこいいです。

楽器と数の目安

楽器の種類
- スズ
- タンブリン
- カスタネット

19人なら…
- 7人 (36%)
- 6人 (32%)
- 6人 (32%)

4歳児では…
Bは、Dはのリズムで打楽器を入れてみましょう。♩は大ダイコ、トライアングル、ウッドブロックの左。♪は小ダイコ、ウッドブロックの右です。

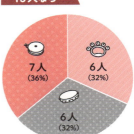

ピアノ伴奏のコツ
- メドレーなので拍子が途中で変わります。しっかりと拍子を数えるようにしましょう。
- メロディの二重音※は、難しければ一音のみでOK。
  ※重音…二つ以上の音を同時に出すこと。

導入方法

みんなで歌をうたおう！

楽器を使う前に、歌をうたってどんな歌詞なのかを伝えます。「ポッポッポ」「シュシュシュ」「トントントン」など言葉での表現も楽しめます。

汽車になったつもりで遊ぼう！

曲に合わせてみんなで汽車になったつもりで遊んでみましょう。汽車のイメージをもてるようになります。

♪ のりものメドレー（電車ごっこ〜汽車ポッポ）

♪ のりものメドレー（電車ごっこ～汽車ポッポ）

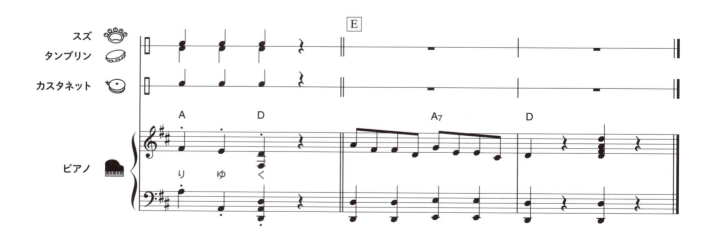

〈子どものかわいいエピソード〉

4歳児の発達と音楽

おおよその発達を理解し、合奏指導の参考にしてください。

🎵 4歳児におすすめの曲

p.64	ありがとうの花	p.85	星に願いを
p.67	狼なんかこわくない	p.89	あしたははれる
p.71	序曲（ドラゴンクエストより）	p.93	アメリカン・パトロール
p.74	手をたたきましょう	p.98	歓喜の歌
p.77	となりのトトロ	p.101	クシコスポスト
p.81	ウィンター・ワンダーランド	p.107	星メドレー

1 「〜しながら…する」の動きができる！

4歳になると、片足を上げながら前へ跳んだり、連続で片足跳びをしたり、スキップをしたりするなど、二つの動きが連動した全身運動ができるようになります。また、手先の器用さも増すので、いろいろな楽器が扱えるようになります。

2 いろいろなリズムを楽しめる！

曲の速さに合わせてリズム打ちをしたり、リズムの変化が分かり、リトミックを楽しんだりします。音程やリズムに気を付けて歌をうたえるようになったり、リズム合奏ができるようになったりします。

3 みんなと合わせたい！

親しみをもって人の話を聞けるようになるので、先生の指示が理解できるようになってきます。聞く力が育つと考える力がつくので、他のパートを聞いて合わせることができるようになり、みんなで合奏をしている意識が芽生えます。

0-5歳児 おおよその発達の流れ

0歳児	1歳児	2歳児	3歳児	4歳児	5歳児
●音に反応する ●両手に持っている物を打ち合わせる	●物をたたくと音が出ることに気付き、たたいて喜ぶ ●楽しいテンポの曲を聞くと身体を揺する	●スズやタンブリンなどを振ると音が出ることを喜ぶ ●音の高低、速さ、小物楽器の聞き分け、表現などが分かってくる	●簡単な童謡を最後まで歌う ●音楽に合わせて身体でリズムをとる	●曲の速さに合わせてリズム打ちをする ●音楽やリズムが聞き分けられ、リトミックを楽しむ ●生活の中で、様々な音や動きに興味をもち、楽しむ	●音楽の要素（リズム、メロディ、ハーモニー）に気付き、表現して楽しむ ●リズムに合った楽器を選ぶ ●輪唱、交互唱、部分唱など、いろいろな歌い方を楽しむようになる

音楽がもっと楽しくなる！援助★

★ 歌ってリズムを身につけよう！

4歳児は何種類かのリズムを組み合わせることができます。1人でリズムをとったり、友達と手合わせしたりしてみましょう。まずは、いつも歌っている曲で遊んでみましょう。手拍子をしながら歌うだけでもリズムがとれるようになってきます。

こんな遊びも！！

ペープサートを作ってみましょう。例えば、イヌ、ウサギ、シマウマなどです。
イヌのカードのときは♩♩、ウサギのカードは♩♩♩、シマウマのカードは♩♩♩♩と、まずは声で唱えましょう。そして、手拍子→楽器→身体表現と、リズムのとり方を変えていきます。声で唱えるところから発展させていく工夫が大切です。

楽器の編成と並び方

4歳児は、タンブリン、スズ、カスタネット以外の打楽器にも触れてみましょう。演奏の幅が広がります。

＊保育者が合図を出しやすく、子どもたちも分かりやすい並び方にしてください。

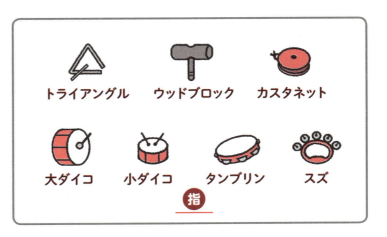

♪ありがとうの花

3〜4歳児

作詞・作曲／坂田おさむ　編曲／池 毅　合奏編曲／佐藤千賀子

ちょっと大人っぽい曲ですが、挑戦してみましょう。家族や友達、大好きな人を思い浮かべて、感謝を込めて演奏しましょう。

演奏時間　約1分30秒

- Aの前奏は間奏にも使えます。長くしたいときは、ABCACの順に演奏しましょう。

押さえておきたい！演奏のコツ　これができたら大丈夫!!

基本のリズムパターン

まずは、この2つのリズムで手拍子などをしてみましょう。

パターンI

パターンII

楽器と数の目安

盛り上がりポイント

4分の4拍子と4分の2拍子が曲中にあります。拍子の変化を感じながら、しっかり表現しましょう。

ピアノ伴奏のコツ

- 歌がうたえるようになると、メロディが分かるので弾きやすくなります。
- 前奏の7連符を弾くのが難しいときは、♪♪（ドシ）で曲を始めましょう。
- 16分音符がたくさん出てきます。すべらないように繰り返し練習しましょう。

導入方法

歌をうたってみよう！

みんなで楽しく歌をうたいましょう。メロディやリズムをつかみます。

基本のリズムパターンを身につけよう！

♩、♪、𝄽の動きを決めて基本のリズムパターンに合わせてみましょう。♩のリズムは自分で手拍子、♪のリズムは手合わせをします。𝄽は膝を曲げてリズムをとりましょう。

♪ ありがとうの花

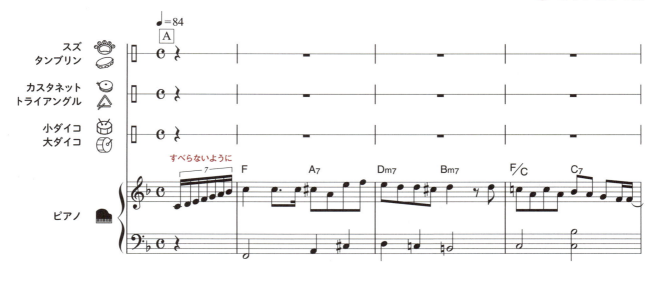

♪狼なんかこわくない

作詞／Ronell Ann　作曲／Churchill Frank E　訳詞／不詳　編曲／佐藤千賀子

『三匹の子ぶた』の主題歌です。魅力的なキャラクターがいっぱい！ワクワクしながら楽しく演奏できるといいですね。

演奏時間 約2分
- 短くしたいときは、Cを省きましょう。
- 長くしたいときは、2回繰り返しましょう。

押さえておきたい！演奏のコツ　これができたら大丈夫!!

基本のリズムパターン

まずは、この2つのリズムで手拍子などをしてみましょう。

パターンⅠ

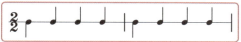

パターンⅡ

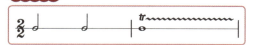

2拍子の拍の取り方を保育者が把握し、遅くならないように注意しましょう。

盛り上がりポイント

Aのト長調～Bのハ長調～Cのト長調の移り変わりにメリハリが出ると、会場全体が引き込まれるでしょう。

楽器と数の目安

楽器の種類
スズ
タンブリン
カスタネット
トライアングル
ウッドブロック
小ダイコ
大ダイコ

26人なら…

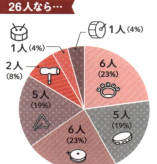

- 1人 (4%)
- 1人 (4%)
- 2人 (8%)
- 5人 (19%)
- 6人 (23%)
- 5人 (19%)
- 6人 (23%)

ピアノ伴奏のコツ
- Cでト長調に戻ります。♯を忘れないようにしましょう。
- ACの左手の3音目は音符が離れています。難しい場合は、1音目と同音でやってみましょう。

導入方法

子ブタになったつもりで楽しもう！

みんなで子ブタの気持ちを想像しながら、歌をうたいましょう。

まずは4拍子でゆっくりと

2分の2拍子ですが、初めは4拍子のようにゆっくり練習してみましょう。ゆっくりとしたテンポでメロディを覚えてから2分の2拍子にもっていくと、子どもたちも分かりやすいですね。

♪ 狼なんかこわくない

♪ 狼なんかこわくない

♪ 狼なんかこわくない

♪序曲（ドラゴンクエストより）

作曲/すぎやまこういち　合奏編曲/佐藤千賀子

ゲームが好きな子もそうでない子も、どこかで耳にしたことがある曲です。みんなで行進するように元気良く演奏しましょう！

演奏時間　約1分40秒
- 短くしたいときは、繰り返さず1回にしましょう。

押さえておきたい！ 演奏のコツ　これができたら大丈夫!!

基本のリズムパターン

まずは、この2つのリズムで手拍子などをしてみましょう。

パターンⅠ

パターンⅡ

楽器と数の目安

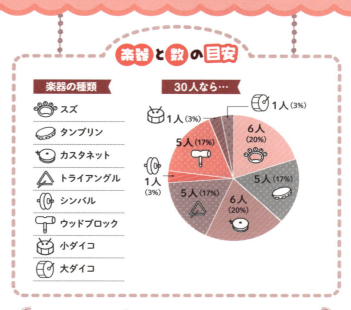

楽器の種類	30人なら…
スズ	6人 (20%)
タンブリン	5人 (17%)
カスタネット	6人 (20%)
トライアングル	5人 (17%)
シンバル	1人 (3%)
ウッドブロック	5人 (17%)
小ダイコ	1人 (3%)
大ダイコ	1人 (3%)

盛り上がりポイント

Bのメロディの始まりは、ワクワク感が高まります。Bの直前のシンバルの♩♩♩♩で更に盛り上がりましょう。

ピアノ伴奏のコツ

- Aの前奏は4分の2拍子、Bのメロディーは4分の4拍子です。拍子の変化に注意して練習しましょう。
- Aの始めは、二重音※の下の音を左手で弾くこともできます。

※重音…二つ以上の音を同時に出すこと。

導入方法

主題のメロディから始めてみよう！

初めに子どもたちがよく知っているBのメロディから練習すると、子どもたちも入りやすいですね。

拍子の違いを感じよう！

4分の2拍子と4分の4拍子の違いを感じてみましょう。4分の2拍子は、体を横に揺らしてリズムをとります。4分の4拍子は元気に行進するように歩きましょう。

♪ 序曲（ドラゴンクエストより）

4歳児 ♪手をたたきましょう

外国曲　訳詞/小林純一　編曲/佐藤千賀子

手をたたきながら楽しく歌える曲です。手足を使って元気にリズムをたたいてみましょう。

演奏時間　約1分20秒
- 短くしたいときは、繰り返しをせずに終わりましょう。

押さえておきたい！ 演奏のコツ
これができたら大丈夫!!

基本のリズムパターン

まずは、この2つのリズムで手拍子などをしてみましょう。

パターンI
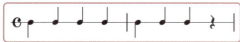

パターンII

盛り上がりポイント

とてもリズミカルな曲です。みんなでたたく所を元気良くそろえましょう。

ぐっと盛り上がる **アレンジ**
合奏→歌→合奏の順にもできます。

楽器と数の目安

楽器の種類
- スズ
- タンブリン
- カスタネット
- トライアングル
- ウッドブロック
- 小ダイコ
- 大ダイコ

25人なら…
- 1人 (4%)
- 1人 (4%)
- 3人 (12%)
- 4人 (16%)
- 5人 (20%)
- 5人 (20%)
- 6人 (24%)

もっと豪華に！
ピアノの♩のところでシンバルを入れると更に華やかになります。

ピアノ伴奏のコツ
- 打楽器が合わせやすいように、♩♪♪♪のリズムの四分休符に注意しましょう。

導入方法　基本のリズムパターンを身につけよう！

最初に、基本のリズム **パターンI** を身につけましょう。
♩は足でリズムをとり、♪♪♪は自分で手拍子したり、友達と手を合わせたり、𝄽は手をぎゅっと握ったりします。いろいろな組み合わせで表現すると楽しいです。

トン　タン タン タン　トン　タン タン　ウン

74

♪ 手をたたきましょう

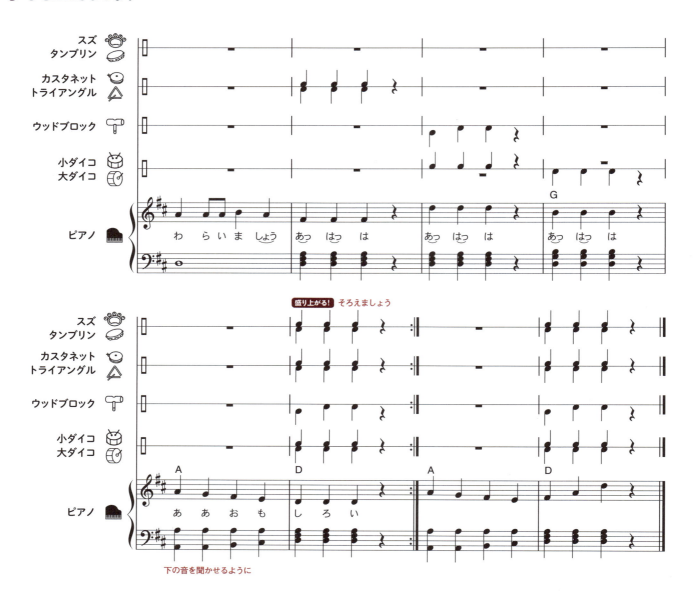

4歳児 ♪となりのトトロ

作詞/宮崎 駿　作曲/久石 譲　編曲/佐藤千賀子

子どもたちもよく知っている『となりのトトロ』の主題歌です。トトロに会えるかな？　ワクワクした気持ちで演奏しましょう。

演奏時間　約2分
- 短くしたいときはCを繰り返さず1回にしましょう。

押さえておきたい！ 演奏のコツ
これができたら大丈夫!!

基本のリズムパターン

まずは、この2つのリズムで手拍子などをしてみましょう。

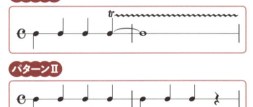

パターンⅠ

パターンⅡ

盛り上がりポイント

Cで盛り上がります。みんなで1拍目を合わせて、どのパートも元気良く演奏しましょう。

楽器と数の目安

楽器の種類
- スズ
- タンブリン
- カスタネット
- トライアングル
- ウッドブロック
- 小ダイコ
- 大ダイコ

30人なら…
- 1人 (3%)
- 1人 (3%)
- 5人 (17%)
- 6人 (20%)
- 5人 (17%)
- 6人 (20%)
- 6人 (20%)

ウッドブロックが無いとき
代わりに、Cのウッドロックを小ダイコと大ダイコに替えて打ちましょう。

ピアノ伴奏のコツ
- 右手にタイがたくさんあるので、リズムをしっかりとることが大切です。弾く前に手でリズムをとって把握しましょう。

導入方法

基本のリズムパターンを身につけよう！

歌をうたったら、パターンⅠのリズムで身体表現を楽しみましょう。2人組みになり、♩は1人で手拍子、♩♩は2人で手合わせします。最後に♩.♪は2人で一緒にキラキラと手を動かしましょう。

歌をうたってリズムをつかもう！

みんなで歌を楽しくうたいましょう。初めに歌をしっかりうたえると、リズムが分かり、楽器を使うときにスムーズにできます。

♪ となりのトトロ

©1988 by Studio Ghibli

4歳児 ♪ウィンター・ワンダーランド

作詞/Smith Richard B Dick　作曲/Bernard Felix
訳詞/きた・ひろし　編曲/佐藤千賀子

雪の中で遊ぶことを想像してみましょう。どんな遊びをするのかな？
クリスマスが待ち遠しいですね。

演奏時間　約1分40秒
- 長くしたいときは、2回繰り返しましょう。

押さえておきたい！演奏のコツ　これができたら大丈夫!!

基本のリズムパターン

まずは、この2つのリズムで手拍子などをしてみましょう。

パターンⅠ

パターンⅡ

盛り上がりポイント

Bのソロパートでは、自分の出番で元気良く演奏しましょう。
Dは全楽器がばっちりそろうとかっこよく終わります。

もっと盛り上がるアレンジ
合奏→歌→合奏、または歌→合奏→歌の流れにアレンジするのもすてきです。

楽器と数の目安

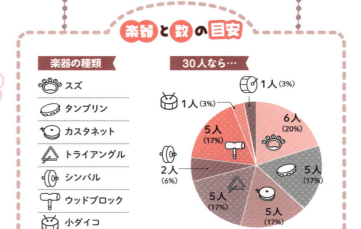

ピアノ伴奏のコツ
- 左手の3音目は、音が離れているので、左手から練習してみましょう。
- Bの♯を抜かさないように注意しましょう。
- 和音がとてもきれいな曲です。それぞれの響きを確認し、苦手な所を繰り返し練習しましょう。

導入方法

クリスマスの曲を楽しもう！
いろいろなクリスマスの曲を聞いて、楽しみにする気持ちを高めましょう。よく耳にする曲なので、子どもたちも楽しめますね。

友達と手合わせしよう！
パターンⅠのリズムを♩は1人で手拍子し、♫♩は2人組になって手合わせしましょう。友達とすることで更に楽しめますね。

言葉あそびでリズムを打とう！
Dの♪♪♪♩に合わせて「ロケットビューン」「スカートふわー」の言葉を言ってみましょう。しぜんとリズムが分かるようになりますよ。

♪ ウィンター・ワンダーランド

4歳児

♪ 星に願いを

作詞/Washington Ned　作曲/Harline Leigh
訳詞/島村葉二　編曲/佐藤千賀子

夢は叶うと伝えてくれる、優しい気持ちの曲です。『ピノキオ』のお話が好きなクラスや、夢をもつ子どもたちにおすすめです。

演奏時間　約2分
- 長くしたいときは、DEを繰り返しましょう。

押さえておきたい！ 演奏のコツ　これができたら大丈夫!!

基本のリズムパターン

まずは、この2つのリズムで手拍子などをしてみましょう。

パターンⅠ

パターンⅡ

盛り上がりポイント

Eをみんなでそろえるとすてきです。拍の頭をそろえて、𝄽でしっかりと休めるように練習しましょう。

きっと盛り上がる アレンジ

合奏→歌→合奏とすると、変化が出て楽しめます。

楽器と数の目安

楽器の種類
- スズ
- タンブリン
- カスタネット
- トライアングル
- ウッドブロック
- 小ダイコ
- 大ダイコ

25人なら…

- 1人（4%）大ダイコ
- 1人（4%）小ダイコ
- 3人（12%）ウッドブロック
- 4人（16%）トライアングル
- 5人（20%）カスタネット
- 5人（20%）タンブリン
- 6人（24%）スズ

ウッドブロックが無いとき
代わりに、Dの5・6小節を小ダイコと大ダイコに替えて打ちましょう。

ピアノ伴奏のコツ
- 臨時記号の♯や♭を忘れないようにしましょう。
- 左手の音がきれいなので、聞き手に届けるように意識してみましょう。

導入方法　基本のリズムパターンを身につけよう！

❶ リズムに合わせて身体表現をしてみましょう。

パターンⅠのリズムで

1人で
♩のリズムは足でとり、♩♩♩のリズムは手拍子をしましょう。

2人で
2人組になり、♩のリズムは自分で手拍子、♩♩♩のリズムは2人で手合わせしましょう。

パターンⅡのリズムで

2人で
2人組になり、♩♩を自分で手拍子、♩♩♩は2人で手合わせしましょう。𝄽は手をぎゅっと握ってお休みしましょう。

ターン　ターン　　タン タン タン

❷ リズムで遊んだら、曲に合わせて手拍子のみでやってみましょう。

♪ 星に願いを

♪ 星に願いを

4歳児

♪ あしたははれる

作詞・作曲／坂田 修　編曲／佐藤千賀子

元気になるように応援する歌です。みんなで声をそろえて歌い、演奏しましょう。

演奏時間　約2分15秒

- 短くしたいときは D の to ⊕ から E の ⊕ Coda に移りましょう。

押さえておきたい！ 演奏のコツ
これができたら大丈夫!!

基本のリズムパターン

まずは、この2つのリズムで手拍子などをしてみましょう。

パターンI

パターンII

盛り上がりポイント

C で各楽器がソロになる部分が聞かせ所です。最後の F は落ち着いてしっとり終えるようにしましょう。

もっと盛り上がる アレンジ

歌もかわいいので、合奏→歌、歌→合奏にしたり、合奏→歌→合奏にしたりするのもいいでしょう。

楽器と数の目安

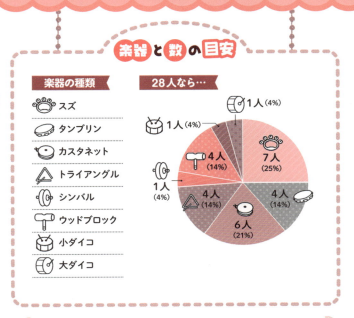

ピアノ伴奏のコツ

- ♯、♭に気を付けて練習しましょう。
- 右手の ♫ は ♩♪ で弾むように弾きましょう。
- 左手は ♩♫ と ♫♫ のリズムのパターンがあります。

導入方法

歌をうたって曲の流れを感じよう！

まずは、歌をうたってから合奏に入りましょう。

身体でリズムを感じよう！

パターンI の ♩ を足で、♫♫ を手拍子してみましょう。
パターンII は、身体を横揺れしたり、二人組で手をつなぎ、ブランコに乗っているイメージで揺れたりするなど、身体でリズムを感じてみましょう。

♪ あしたははれる

♪ あしたははれる

♪アメリカン・パトロール

4〜5歳児

作曲/Meacham Frank W　編曲/佐藤千賀子

4分の2拍子でやや速めの軽快な行進曲です。元気にリズムにのって行進するように、弾むような気持ちで演奏しましょう。

演奏時間　約2分
- 短くしたいときは、A Bのみで演奏しましょう。

押さえておきたい！演奏のコツ　これができたら大丈夫!!

基本のリズムパターン

まずは、この3つのリズムで手拍子などをしてみましょう。

パターンI

パターンII
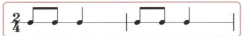

パターンIII

盛り上がりポイント

Eはソロパートの見せ所です。自分の楽器のときに元気良く演奏しましょう。Fはみんなの心を一つにしてそろえると、かっこいいです。

楽器と数の目安

楽器の種類
- スズ
- タンブリン
- カスタネット
- トライアングル
- シンバル
- ウッドブロック
- 小ダイコ
- 大ダイコ

30人なら…
- スズ 1人 (3%)
- 小ダイコ 1人 (3%)
- タンブリン 5人 (17%)
- カスタネット 6人 (20%)
- シンバル 1人 (3%)
- ウッドブロック 5人 (17%)
- トライアングル 5人 (17%)
- 大ダイコ 6人 (20%)

5歳児なら…

有音程楽器を加えます。楽譜中のコードの3音を分けます。例えば「F」はド・ファ・ラなので鉄琴がド、木琴がファ、鍵盤ハーモニカがラを他の楽器のリズムに合わせて演奏します。

ピアノ伴奏のコツ

- 3連符、16分音符などいろいろな音符や、スタッカートなどの記号が出てきます。まずは全体を把握して、少しずつ練習していきましょう。

導入方法

行進して身体で曲の雰囲気を感じよう！

ピアノやCDに合わせて元気良く行進し、曲の雰囲気を身体で感じることから始めましょう。

みんなで手拍子をしよう！

みんなで手拍子をしてリズムや流れをつかみ、楽器に入るとスムーズです。

♪ アメリカン・パトロール

♪ **アメリカン・パトロール**

♪ アメリカン・パトロール

※ユニゾン…同じ高さの音、またはオクターブ®で同じ旋律を演奏すること。
※オクターブ…ある音から数えて8番目にあたる音。

♪歓喜の歌

4～5歳児

作詞/不詳　作曲/Van Beethoven Ludwig　編曲/佐藤千賀子

誰もが聞いたことのある曲ではないでしょうか？　うれしい気持ちをゆったりと会場に届けましょう。

演奏時間　約1分30秒
- 短くしたいときは、「1.」を省き、「2.」に移りましょう。

押さえておきたい！演奏のコツ　これができたら大丈夫!!

基本のリズムパターン

まずは、この2つのリズムで手拍子などをしてみましょう。

パターンⅠ

パターンⅡ

盛り上がりポイント

Ⓒのリズム ♩♪♩♪ は少し難しいですが、きれいに合わせられると迫力のある演奏になります。繰り返し練習しましょう。

楽器と数の目安

楽器の種類	28人なら…
スズ	5人 (18%)
タンブリン	5人 (18%)
カスタネット	5人 (18%)
トライアングル	5人 (18%)
シンバル	1人 (3%)
ウッドブロック	5人 (18%)
小ダイコ	1人 (3%)
大ダイコ	1人 (3%)

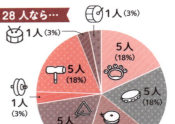

5歳児なら…

有音程楽器を加えます。楽譜中のコードの3音を分けます。例えば「F」はド・ファ・ラなので鉄琴がド、木琴がファ、鍵盤ハーモニカがラを他の楽器のリズムに合わせて演奏します。

ピアノ伴奏のコツ

- 右手につられないように、左手は左のリズムを保って弾きましょう。
- 右手は二重音※になっていますが、難しい場合はメロディのみを弾きましょう。

※重音…二つ以上の音を同時に弾くこと。

導入方法

曲をしっかり聞いてから始めよう！

ピアノやCDの音をしっかりと聞きましょう。まずは曲の雰囲気を感じることが大切です。

楽器の前にリズム打ちをしよう！

最初の4小節や **パターンⅠ** **パターンⅡ** などを、楽器を使わずに身体表現をしてリズムをとりましょう。♩のリズムは自分の膝をたたき、♩♩♩のリズムは2人で手合わせします。

トン

タン タン タン

♪ 歓喜の歌

♪ 歓喜の歌

♪ クシコスポスト

作曲／Necke Hermann　編曲／佐藤千賀子

運動会の定番曲！ 元気な子どもたちにぴったりの曲です。速いテンポにも挑戦してみましょう。

演奏時間　約3分
- 短くしたいときは、B C E は繰り返さずに一回通しましょう。

押さえておきたい！ 演奏のコツ　これができたら大丈夫!!

基本のリズムパターン

まずは、この2つのリズムで手拍子などをしてみましょう。

パターンⅠ

パターンⅡ

盛り上がりポイント

Dは全楽器で力強く打って盛り上がりましょう。きれいにそろうとすてきです。

楽器と数の目安

楽器の種類
- スズ
- タンブリン
- カスタネット
- トライアングル
- シンバル
- 小ダイコ
- 大ダイコ

28人なら…
- 1人 (4%)
- 1人 (4%)
- 1人 (4%)
- 6人 (21%)
- 6人 (21%)
- 6人 (21%)
- 7人 (25%)

5歳児なら…
有音程楽器を加えます。楽譜中のコードの3音を分けます。例えば「Bm」はシ・レ・♯ファなので、鉄琴がシ、木琴がレ、鍵盤ハーモニカが♯ファを他の楽器のリズムに合わせて演奏します。

ピアノ伴奏のコツ
- オクターブ*がたくさん出てきます。難しい場合は一音で弾いてみましょう。
- スタッカートの所は弾むように、スラーの所は伸びやかに弾くなど、記号に注意して練習しましょう。

※オクターブ…ある音から数えて8番目にあたる音。

導入方法

スズで簡単なリズムから始めよう！

パターンⅠ は、走りがちになるので、最初は ♩♩ のリズムで練習してから ♫ ♫ のリズムにしてみましょう。

ゆっくりとしたテンポで始めよう！

4分の2拍子でテンポの速い曲ですが、初めはゆっくりとしたテンポでやってみましょう。子どもたちに合ったテンポで進め、テンポを一定に保つことが大切です。

101

♪ クシコスポスト

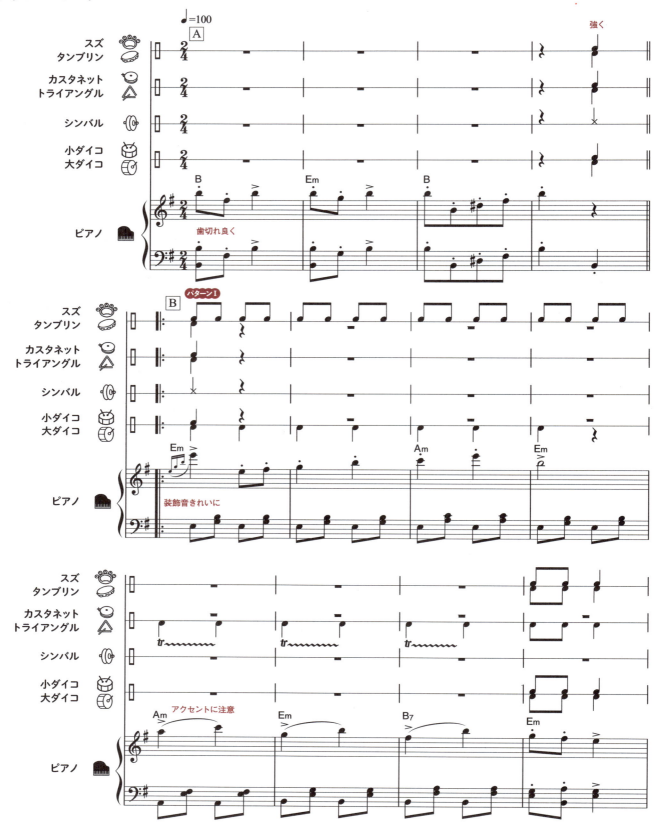

♪ **クシコスポスト**

♪ **クシコスポスト**

4〜5歳児

♪ 星メドレー（きらきら星〜おほしがひかる〜きらきら星）

きらきら星：フランス民謡　訳詞／武鹿悦子　編曲／佐藤千賀子
おほしがひかる：ドイツ民謡　作詞／由木 康　編曲／佐藤千賀子

きれいなお空に何が見えるかな？　みんなで話し合ってみましょう。

演奏時間　約2分20秒
- メドレーですが、一曲ずつでも演奏できます。

押さえておきたい！演奏のコツ　これができたら大丈夫!!

基本のリズムパターン

まずは、この2つのリズムで手拍子などをしてみましょう。

パターンⅠ

パターンⅡ

盛り上がりポイント

曲が変わるⒸで、4拍子から3拍子へとスムーズに移れると、聞き応えがあります。

楽譜と数の目安

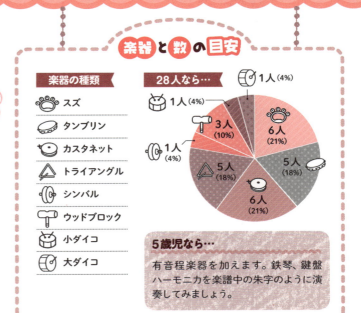

楽器の種類
- スズ
- タンブリン
- カスタネット
- トライアングル
- シンバル
- ウッドブロック
- 小ダイコ
- 大ダイコ

28人なら…
- 1人 (4%)
- 1人 (4%)
- 3人 (10%)
- 1人 (4%)
- 5人 (18%)
- 6人 (21%)
- 5人 (18%)
- 6人 (21%)

5歳児なら…
有音程楽器を加えます。鉄琴、鍵盤ハーモニカを楽譜中の朱字のように演奏してみましょう。

ピアノ伴奏のコツ
- 右手が二重音※になっている所は、メロディのみでも良いです。
- Ⓒの左手の保持音※をちゃんと伸ばしましょう。

※重音…二つ以上の音を同時に出すこと。
※保持音…音符の長さを十分に保つ演奏法。

導入方法

他の曲でリズム打ちしてみよう！

4拍子と3拍子が出てきます。『手をたたきましょう』(p.74)などの4拍子の曲や、『星のくにのクリスマス』(p.18)などの3拍子の曲に合わせて、リズム打ちをしてみましょう。拍子の変化にもスムーズに入っていけます。

●4拍子のとき
♩は足でリズムをとり、♪♪♪は手拍子します。

トン　タン タン タン

●3拍子のとき
♩は足でリズムをとり、♪♪は手拍子をします。

トン　タン タン

♪ 星メドレー（きらきら星〜おほしがひかる〜きらきら星）

♪ 星メドレー（きらきら星～おほしがひかる～きらきら星）

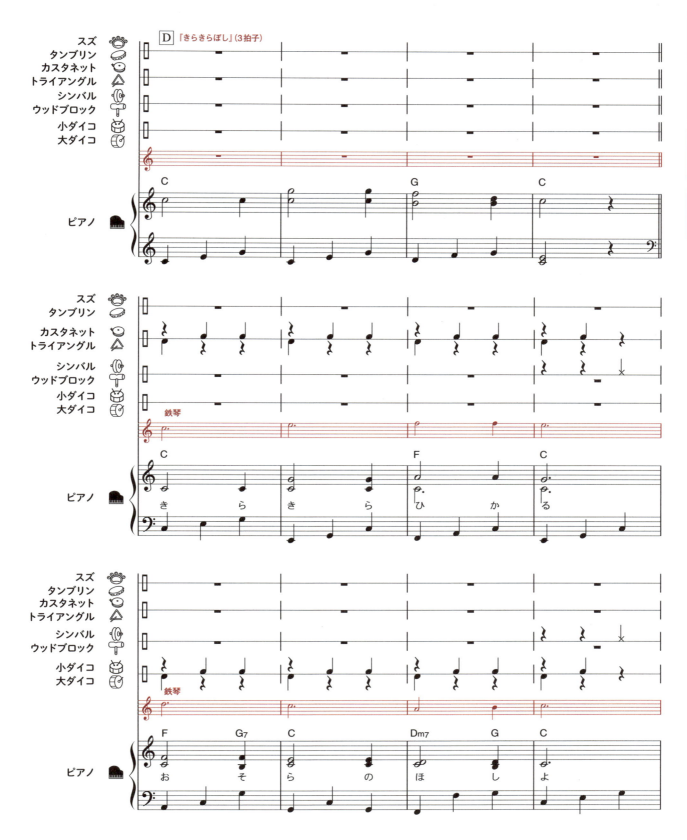

♪ 星メドレー（きらきら星〜おほしがひかる〜きらきら星）

♪ 星メドレー（きらきら星〜おほしがひかる〜きらきら星）

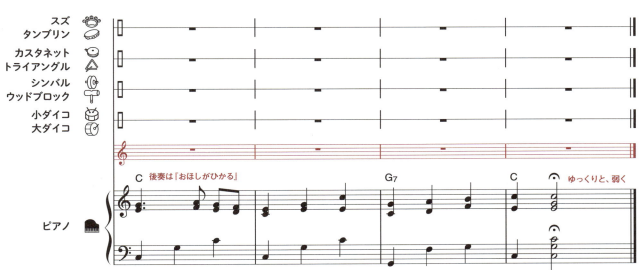

5歳児の発達と音楽

おおよその発達を理解し、合奏指導の参考にしてください。

🎵 5歳児におすすめの曲

p.116 ピクニック	p.146 ミリタリーマーチ
p.120 ゆかいに歩けば	p.155 インディアンの太鼓
p.125 ビビディ・バビディ・ブー	p.163 そりすべり
p.129 エレクトリカルパレードのテーマ	p.170 JUPITER
p.134 崖の上のポニョ	p.181 シンコペーテッド・クロック
p.141 勇気100%	p.190 情熱大陸
	p.198 雨メドレー

1 音楽って楽しい！

リズムやメロディ、ハーモニーの聞き分けができるようになります。歌詞の内容を理解し、気持ちを込めて歌ったり、演奏したりします。

＊本書では、鍵盤ハーモニカ、木琴、鉄琴などの有音程楽器が使えるように、これらの楽譜はメロディではなく、オスティナート※や同じ音を打つアレンジになっています。

※オスティナート … 一定の音型を繰り返すこと。

2 役割を担い、自分たちで進めたい！

共通の目的に向かって役割をもって遊びを楽しむ姿が見られます。自己コントロールもでき、年長児としての自信をもつようになります。

3 クラスのみんなで一つに！

集団内の信頼関係を基盤にして、自分の要求や意見を率直に出せるようになります。組織的で集団的な活動が、生活の様々な場面に行き渡る頃です。合奏においても、クラスでまとめるという目的が理解できるようになります。クラスのみんなで心を一つにし、力を合わせて演奏する過程が大切です。

0-5歳児 おおよその発達の流れ

0歳児	1歳児	2歳児	3歳児	4歳児	5歳児
・音に反応する ・両手に持っている物を打ち合わせる	・物をたたくと音が出ることに気付き、たたいて喜ぶ ・楽しいテンポの曲を聞くと身体を揺する	・スズやタンブリンなどを振ると音が出ることを喜ぶ ・音の高低、速さ、小物楽器の聞き分け、表現などが分かってくる	・簡単な童謡を最後まで歌う ・音楽に合わせて身体でリズムをとる	・曲の速さに合わせてリズム打ちをする ・音楽やリズムが聞き分けられ、リトミックを楽しむ ・生活の中で、様々な音や動きに興味をもち、楽しむ	・音楽の要素（リズム、メロディ、ハーモニー）に気付き、表現して楽しむ ・リズムに合った楽器を選ぶ ・輪唱、交互唱、部分唱など、いろいろな歌い方を楽しむようになる

音楽がもっと楽しくなる！援助★

★ 子ども自身の発見を大切に！

リズムパターンを身体や手拍子で表現できるようになります。それを子ども自身でも気付いて発見できるように援助すると、より一層音楽に興味をもち、やる気になります。保育者は子どもの発見をしっかりと受け止め、「すてきなリズムね」とことばがけをしましょう。

★ 子どもたちで考えられるように

音の大きさのバランスについて、子どもたちに尋ねてみましょう。この部分は大きい音にするのか、小さい音にするのかなど、子どもたち自身で考えられるようにします。

こんな遊びも！！

合奏の前に、『きらきら星』（P.107）を鍵盤ハーモニカのみで、メロディと鉄琴・鍵盤ハーモニカのパートを弾く二部奏や、『いちばんぼしみつけた』（P.12）のメロディと鍵盤ハーモニカと鉄琴Ⅰのパートを弾く三部奏など、一つの楽器で仕上げる練習をしてみましょう。ハーモニーがとてもきれいなのでおすすめです。和太鼓も体験するといいでしょう。

楽器の編成と並び方

5歳児では、有音程楽器が加わり、合奏のスケールが大きくなります。クラス全体で力を合わせて合奏をつくりあげていきましょう。有音程楽器が中央もしくは手前に並ぶといいでしょう。鉄琴・木琴は左右に並んでもいいです。

＊保育者が合図を出しやすく、子どもたちも分かりやすい並び方にしてください。

 トライアングル ウッドブロック  カスタネット
 タンブリン 鍵盤ハーモニカ スズ
 大ダイコ 小ダイコ シンバル 鉄琴 木琴
 指

♪ ピクニック

4〜5歳児

イギリス民謡　訳詞／萩原英一　編曲／佐藤千賀子

ピクニックへ出発！！　みんなでどこへ行こうかな？　ワクワクする気持ちを楽器で表現してみましょう。

演奏時間　約2分
- 長くしたいときはBまたはCに戻りましょう。

押さえておきたい！ 演奏のコツ　これができたら大丈夫!!

基本のリズムパターン

まずは、この2つのリズムで手拍子などをしてみましょう。

パターンⅠ

パターンⅡ

盛り上がりポイント

Cの鉄琴は少し難しいですが、しっかりそろうととてもきれいです。
Dをみんなでそろえて後半を盛り上げましょう。

楽器と数の目安

楽器の種類
鉄琴
木琴
鍵盤ハーモニカ
スズ
タンブリン
カスタネット
トライアングル
シンバル
小ダイコ
大ダイコ

30人なら…
- 1人（3%）
- 1人（3%）
- 2人（7%）
- 1人（3%）
- 2人（7%）
- 4人（13%）
- 4人（13%）
- 5人（17%）
- 5人（17%）
- 5人（17%）

4歳児なら…
有音程楽器（鉄琴・木琴・鍵盤ハーモニカ）を抜きます。

ピアノ伴奏のコツ
- 歌をしっかり覚えると弾きやすくなります。
- ♯や♭などの臨時記号を見落とさないようにしましょう。

導入方法

基本のリズムパターンを身につけよう！

みんなで輪になって♩のリズムで自分の膝、♩♩♩のリズムで隣の人とハイタッチをして遊びましょう。

ピクニック

♪ ピクニック

♪ ピクニック

♪ ゆかいに歩けば

4〜5歳児

作詞/Siegesmund Florenz　作曲/Moeller Friedrich Wilhelm
訳詞/Ridge Antonia・保富康午　編曲/佐藤千賀子

気分も弾む楽しい曲です。思わず口ずさみたくなる主題の歌詞も楽しい！元気いっぱいの明るいクラスにおすすめです。

演奏時間　約2分
- 長くしたいときは、2回繰り返しましょう。
- 短くしたいときは、Cから繰り返しても良いです。

押さえておきたい！演奏のコツ　これができたら大丈夫!!

基本のリズムパターン

まずは、このリズムで手拍子などをしてみましょう。

パターンⅠ

盛り上がりポイント

Dの盛り上がりに向けてCからクレッシェンドをかけるように演奏してみましょう。

もっと盛り上がるアレンジ

CDのピアノの3拍伸ばすところを、スズやタンブリンでtr〜にすると聞き映えがしますね。

楽器と数の目安

楽器の種類
鉄琴
木琴
鍵盤ハーモニカ
スズ
タンブリン
カスタネット
トライアングル
シンバル
ウッドブロック
小ダイコ
大ダイコ

30人なら…

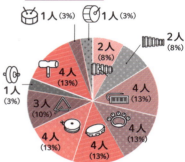

- 1人 (3%)
- 1人 (3%)
- 2人 (8%)
- 2人 (8%)
- 4人 (13%)
- 1人 (3%)
- 3人 (10%)
- 4人 (13%)
- 4人 (13%)
- 4人 (13%)
- 4人 (13%)

4歳児なら…
有音程楽器（鉄琴・木琴・鍵盤ハーモニカ）を抜きます。

ピアノ伴奏のコツ
- 左手の2・4小節目は、和音が分散しているので弾く前に確認しましょう。

導入方法

曲に合わせて身体でリズムを表現しよう！

曲に合わせて歩いたり、スキップしたり、走ったりしてみましょう。身体でリズムを感じられて、曲を楽しめますね。

♪ ゆかいに歩けば

♪ ゆかいに歩けば

♪ ゆかいに歩けば

♪ ビビディ・バビディ・ブー

4〜5歳児

作詞/Livingston Jerry　作曲/David Mack・Hoffman Al
訳詞/音羽たかし　編曲/佐藤千賀子

『シンデレラ』のお話に出てくる曲です。愉快に弾むように、みんなで楽しく演奏しましょう。

演奏時間　約1分30秒
- 長くしたいときは、2回繰り返しましょう。

押さえておきたい！ 演奏のコツ　これができたら大丈夫!!

基本のリズムパターン

まずは、この2つのリズムで手拍子などをしてみましょう。

パターンⅠ

パターンⅡ

8分の6拍子なので、2拍子にもとれます。

盛り上がりポイント

みんなで心を一つにして前奏をそろえましょう。演奏の最初に、聞いている人の心をつかみます。

もっと盛り上がるアレンジ
Dでは、追い掛けるように楽器が入ります。段々と盛り上げて、最後の2小節で華やかに終わりましょう。

楽器と数の目安

楽器の種類
- 鉄琴
- 木琴
- 鍵盤ハーモニカ
- スズ
- タンブリン
- カスタネット
- トライアングル
- シンバル
- 小ダイコ
- 大ダイコ

32人なら…

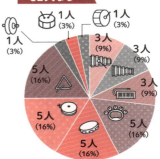

- 1人(3%)
- 1人(3%)
- 1人(3%)
- 3人(9%)
- 3人(9%)
- 3人(9%)
- 5人(16%)
- 5人(16%)
- 5人(16%)
- 5人(16%)

4歳児なら…
有音程楽器（鉄琴・木琴・鍵盤ハーモニカ）を抜きます。

ピアノ伴奏のコツ
- 右手、左手ともに、3連符で追い掛ける所がたくさん出てきます。片手ずつそろえて練習してみましょう。

導入方法

言葉遊びから始めよう！

「ビビディ・バビディ・ブー」という言葉がおもしろい曲です。拳でリズムをとり、言葉を楽しみながら歌いましょう。

125

♪ ビビディ・バビディ・ブー

♪ ビビディ・バビディ・ブー

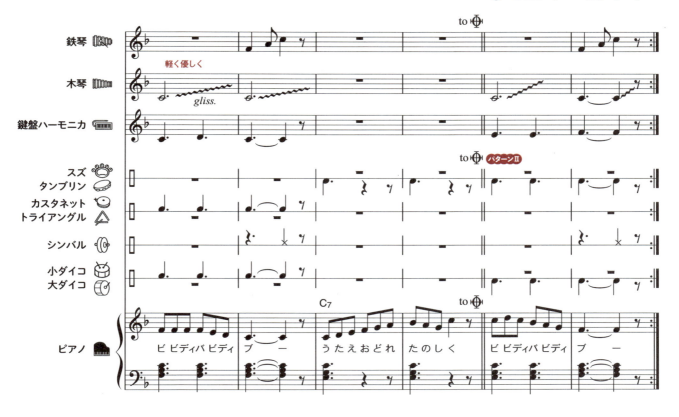

5歳児　♪エレクトリカルパレードのテーマ

作曲／Perrey Jean Jacques・Kingsley Gershon　編曲／佐藤千賀子

楽しい気分になる曲です。みんなでロずさんで楽しみましょう。

演奏時間　約2分30秒
- 短くしたいときは、Bを繰り返さずに通しましょう。

押さえておきたい！演奏のコツ　これができたら大丈夫!!

基本のリズムパターン

まずは、この２つのリズムで手拍子などをしてみましょう。

パターンⅠ

パターンⅡ

盛り上がりポイント

前半のABCがメインです。始めから元気いっぱいに演奏しましょう。

もっと盛り上がるアレンジ
A♩＝88、B♩＝119のテンポの違いを表現できるとかっこよくきまります。

楽器と数の目安

楽器の種類
- 鉄琴
- 木琴
- 鍵盤ハーモニカ
- スズ
- タンブリン
- カスタネット
- トライアングル
- シンバル
- ウッドブロック
- 小ダイコ
- 大ダイコ

36人なら…
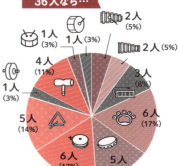

- 2人 (5%)
- 1人 (3%)
- 1人 (3%)
- 2人 (5%)
- 4人 (11%)
- 3人 (8%)
- 1人 (3%)
- 6人 (17%)
- 5人 (14%)
- 6人 (17%)
- 5人 (14%)

ピアノ伴奏のコツ
- Aでは重音※や3連符が出てきます。片手ずつ練習しましょう。難しい場合は、重音の上の音のみでやってみましょう。
- Bのメインのリズム♫の表現に力を入れましょう。

※重音…二つ以上の音を同時に出すこと。

導入方法

身体で表現してみよう！

曲に合わせて歩いたり、スキップしたり、ジャンプしたり、思い思いに楽しい気持ちを身体で表現してみましょう。

基本のリズムパターンを身につけよう！

❶ 1人で基本のリズム **パターンⅠ** を打ってみましょう。♩は足でリズムをとり、♫は手拍子をしましょう。

❷ 2人組になり、足でリズムをとっていた所は手拍子、手拍子していた所は手合わせしましょう。

♪ エレクトリカルパレードのテーマ

♪ エレクトリカルパレードのテーマ

♪ エレクトリカルパレードのテーマ

©Copyright 1967 by UNIVERSAL – POLYGRAM INTERNATIONAL PUBLISHING, INC./ BIBO MUSIC PUBLISHERS
All Rights Reserved. International Copyright Secured.
Print rights for Japan controlled by Shinko Music Entertainment Co., Ltd.

5歳児 ♪崖の上のポニョ

作詞／近藤勝也（補詞／宮崎 駿）　作曲／久石 譲　編曲／佐藤千賀子

子どもたちが大好きな『崖の上のポニョ』の主題歌です。かわいい歌で、思わず口ずさみたくなりますね。

演奏時間　約2分
- 長くしたいときは、Aに戻って繰り返しましょう。

押さえておきたい！ 演奏のコツ　これができたら大丈夫!!

基本のリズムパターン
まずは、この2つのリズムで手拍子などをしてみましょう。

盛り上がりポイント
AとGは同じメインのメロディです。ここに力を入れて、元気いっぱいに演奏しましょう。

楽器と数の目安

楽器の種類	35人なら…
鉄琴	1人 (3%)
木琴	2人 (6%)
鍵盤ハーモニカ	3人 (9%)
スズ	5人 (14%)
タンブリン	5人 (14%)
カスタネット	5人 (14%)
トライアングル	5人 (14%)
シンバル	1人 (3%)
ウッドブロック	5人 (14%)
小ダイコ	1人 (3%)
大ダイコ	2人 (6%)

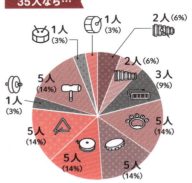

ピアノ伴奏のコツ
- メロディをしっかりと弾けるように練習しましょう。♩♩♫♪｜♫♫♩♩のリズムをとれるようにしましょう。

導入方法

歌って楽しもう！
最初に、みんなで歌をうたって曲を楽しみましょう。

いろいろな楽器でリズムをとってみよう！
基本のリズム パターンⅠ と パターンⅡ をいろいろな楽器でやってみましょう。みんながどの楽器でもできるようになったら、それぞれの好きな楽器に分かれるといいですね。

♪ 崖の上のポニョ

♪ 崖の上のポニョ

♪ 崖の上のポニョ

♪ 崖の上のポニョ

♪ 崖の上のポニョ

♪勇気100%

5歳児

作詞／松井五郎　作曲／馬飼野康二　編曲／佐藤千賀子

アニメ『忍たま乱太郎』の曲です。子どもたちがよく知っている大好きな曲なので、生き生きと元気良く演奏できますよ。

演奏時間　約2分
- 長くしたいときは、Dから繰り返して演奏しましょう。

押さえておきたい！演奏のコツ
これができたら大丈夫!!

基本のリズムパターン
まずは、この2つのリズムで手拍子などをしてみましょう。

パターンI

パターンII

盛り上がりポイント
スズとタンブリンなどのペアだけの所が見せ所です。元気良く演奏しましょう。
Cはみんなで心を一つにして、全楽器をそろえると心に響きます。

楽器と数の目安

楽器の種類
- 鉄琴
- 木琴
- 鍵盤ハーモニカ
- スズ
- タンブリン
- カスタネット
- トライアングル
- シンバル
- ウッドブロック
- 小太鼓
- 大太鼓

35人なら…

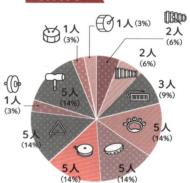

ピアノ伴奏のコツ
- ♩♪♫ がたくさん出てきます。ゆっくり数えて覚えることから始めましょう。
- 左手は𝄞と𝄢の変化に注意してください。

導入方法

みんなで楽しく歌おう！
子どもたちがよく知っている曲です。元気に歌って楽しみましょう。

初めはみんなで練習しよう！
ペアで演奏する所も、初めはみんなで練習しましょう。そのあとパートごとに分かれて練習すると、スムーズです。

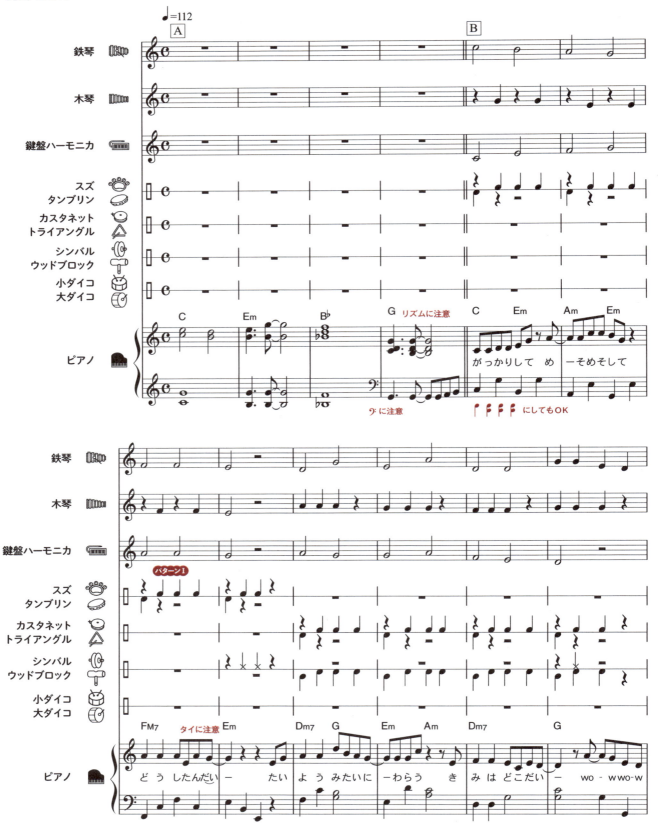

♪ 勇気100%

5歳児 ♪ミリタリーマーチ

作曲/Schubert Franz　編曲/佐藤千賀子

この曲は元気でかっこいいマーチです。みんなでそろって行進するように演奏してみましょう！

演奏時間　約3分
- 短くしたいときは、Dを省きましょう。

押さえておきたい！演奏のコツ　これができたら大丈夫!!

基本のリズムパターン

まずは、この2つのリズムで手拍子などをしてみましょう。

パターンI

パターンII

盛り上がりポイント

2拍子の曲なので、元気にテンポ良く演奏すると盛り上がります。
Bの1拍目を元気にそろえましょう。
Cの最後の4小節をしっかりそろえるとかっこいいです。

楽器と数の目安

楽器の種類
鉄琴
木琴
鍵盤ハーモニカ
キーボード
スズ
タンブリン
カスタネット
トライアングル
シンバル
ウッドブロック
小ダイコ
大ダイコ
ティンパニー

37人なら…

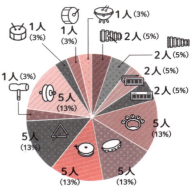

1人(3%)、1人(3%)、2人(5%)、2人(5%)、2人(5%)、5人(13%)、1人(3%)、5人(13%)、5人(13%)、5人(13%)、5人(13%)

楽器アレンジ

キーボードやティンパニーが加わると華やかになりますが、無くても演奏できます。
鍵盤ハーモニカのパートをキーボードにしてもすてきです。

ピアノ伴奏のコツ

- 伴奏の始まりがユニゾン*なので、左右をそろえましょう。
- 右手のスタッカートは弾むように弾くと、軽快な伴奏になります。

※ユニゾン…同じ高さの音、またはオクターブで同じ旋律を演奏すること。

導入方法

曲の流れを身体で感じよう！

ピアノやCDに合わせて行進し、身体で曲の楽しい雰囲気を感じられるようにしましょう。

曲調の違いについて話し合おう！

Dから雰囲気が変わります。この曲に興味をもてるように、どんな違いを感じたか子どもたちに尋ね、みんなで話し合ってみましょう。

♪ ミリタリーマーチ

※ユニゾン…同じ高さの音、またはオクターブ®で同じ旋律を演奏すること。
※オクターブ…ある音から数えて8番目にあたる音。

♪ ミリタリーマーチ

♪ ミリタリーマーチ

♪ ミリタリーマーチ

♪ ミリタリーマーチ

ミリタリーマーチ

♪ ミリタリーマーチ

ミリタリーマーチ

♪ インディアンの太鼓

5歳児

作詞／稲沢映介　作曲／高橋正夫　編曲／佐藤千賀子

インディアンたちが集まって太鼓をたたいています。クラスみんなで元気にたたいて楽しみましょう。

演奏時間　約2分30秒
- 短くしたいときはBのみで演奏しましょう。

押さえておきたい！ 演奏のコツ　これができたら大丈夫!!

基本のリズムパターン

まずは、この2つのリズムで手拍子などをしてみましょう。

パターンⅠ

パターンⅡ

盛り上がりポイント

クレッシェンドのある所が聞かせ所です。Dも段々強くして、曲の最後を盛り上げましょう。Cの7・8小節目を元気良く演奏すると、楽しい雰囲気になります。

楽器と数の目安

楽器の種類
鉄琴
木琴
鍵盤ハーモニカ
キーボード
スズ
タンブリン
カスタネット
トライアングル
シンバル
ウッドブロック
小ダイコ
大ダイコ
ティンパニー

38人なら…

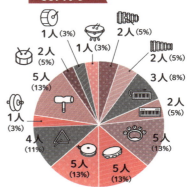

鉄琴 1人(3%)、木琴 1人(3%)、小ダイコ 2人(5%)、鍵盤ハーモニカ 2人(5%)、キーボード 3人(8%)、大ダイコ 5人(13%)、スズ 1人(3%)、シンバル 4人(11%)、ウッドブロック 2人(5%)、タンブリン 5人(13%)、トライアングル 5人(13%)、カスタネット 5人(13%)、ティンパニー 2人(5%)

楽器アレンジ

ティンパニー、キーボードが無い場合でもスズ、タンブリン、カスタネットの人数を増やして演奏できます。ウィンドチャイムやボンゴやコンガを入れると、更に豪華になります。

ピアノ伴奏のコツ

- Bの右手の和音を繰り返し練習して覚えましょう。
- Cは、右手、左手ユニゾン※で半音ずつなので外さないよう、片手ずつしっかり練習しましょう。ABと同じテンポになるよう、注意しましょう。

※ユニゾン…同じ高さの音、またはオクターブ※で同じ旋律を演奏すること。
※オクターブ…ある音から数えて8番目にあたる音。

導入方法

みんなで歌を覚えよう！

みんなで歌を覚えることから始めましょう。楽しく歌えるようになると、楽器に入りやすいですね。

みんなで鍵盤ハーモニカを弾いてみよう！

メロディが簡単なので、楽器の初めは、みんなで鍵盤ハーモニカの演奏をしてみるのがおすすめです。

♪ インディアンの太鼓

♪ インディアンの太鼓

♪ インディアンの太鼓

♪ インディアンの太鼓

♪ インディアンの太鼓

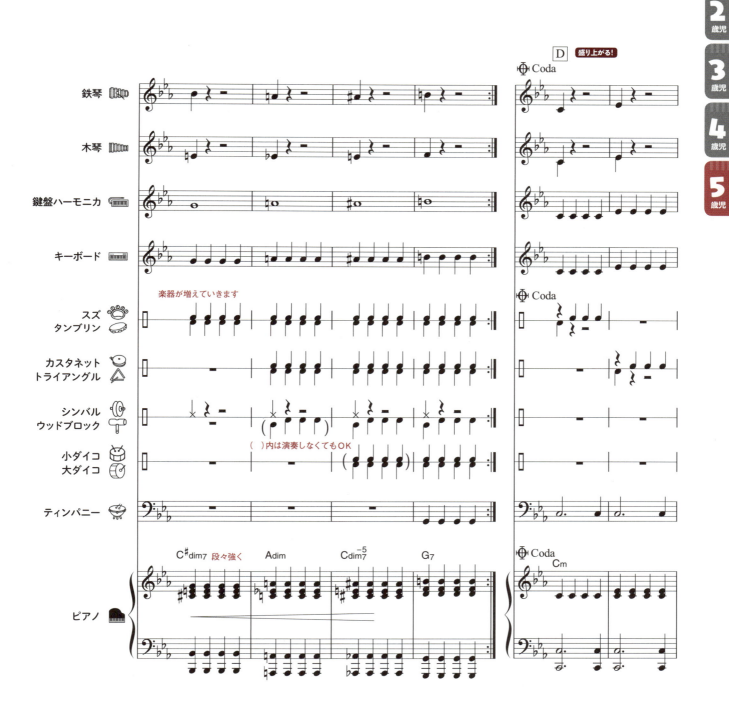

♪ インディアンの太鼓

5歳児 ♪ そりすべり

作曲/Anderson Leroy　編曲/佐藤千賀子

12月になると、町中からシャンシャンと、スズの音と共に聞こえてくる曲です。クリスマス気分を味わいながら楽しく演奏しましょう。

演奏時間　約3分
- 短くしたいときは、「1.」を省いて「2.」に移りましょう。

押さえておきたい！ 演奏のコツ　これができたら大丈夫!!

基本のリズムパターン

まずは、この3つのリズムで手拍子などをしてみましょう。

パターンⅠ

2拍子の拍の取り方を保育者が把握し、遅くならないように注意しましょう。

パターンⅡ

パターンⅢ

盛り上がりポイント

Fでは、pから段々強くする所をみんなでそろえると盛り上がります。

楽器と数の目安

楽器の種類
- 鉄琴
- 木琴
- 鍵盤ハーモニカ
- スズ
- タンブリン
- カスタネット
- トライアングル
- シンバル
- ウッドブロック
- 小ダイコ
- 大ダイコ

35人なら…

- 1人(3%) 小ダイコ
- 1人(3%) シンバル
- 2人(6%) 鉄琴
- 2人(6%) 木琴
- 1人(3%) カスタネット
- 3人(9%) 鍵盤ハーモニカ
- 5人(14%) ウッドブロック
- 5人(14%) トライアングル
- 5人(14%) タンブリン
- 5人(14%) スズ
- 5人(14%) 大ダイコ

ピアノ伴奏のコツ

- Dでは、♫のリズムが続きます。「レタス」などと言葉を言いながら弾くと、リズムが取りやすく、3音すべらずにそろいます。
- 臨時記号の♯や♭を見落とさないようにしましょう。

導入方法

知っている曲か、聞いてみよう！

「この曲知ってるかな？」と子どもたちに尋ねてみましょう。町でよく耳にする曲なので、「きいたことある！」と子どもたちが気付くと、練習に入りやすいですね。

スズから始めてみよう！

みんなでピアノやCDに合わせてスズを鳴らし、楽器に関心をもてるようにすると、楽しく始められますね。その後、いろいろな楽器にふれられるようにしましょう。

♪ そりすべり

♪ そりすべり

♪ そりすべり

♪ そりすべり

♪ JUPITER

5歳児

作曲／Holst Gustav　編曲／佐藤千賀子

5歳児にぴったりな壮大な曲です。どんな惑星なのかみんなで想像してみましょう。

演奏時間　約**4**分

● 短くしたいときは E を省いて D から F に移りましょう。

押さえておきたい！ 演奏のコツ　これができたら大丈夫!!

基本のリズムパターン

まずは、この3つのリズムで手拍子などをしてみましょう。

パターンⅠ

パターンⅡ

パターンⅢ

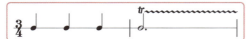

盛り上がりポイント

E のみ4分の4拍子から4分の3拍子に変わります。テンポの違いを表現するとメリハリが出ます。ラストの F がきちんとそろうと盛り上がります。

楽器と数の目安

楽器の種類
- 鉄琴
- 木琴
- 鍵盤ハーモニカ
- キーボード
- スズ
- タンブリン
- カスタネット
- トライアングル
- シンバル
- ウッドブロック
- 小ダイコ
- 大ダイコ
- ティンパニー

33人なら…

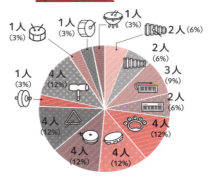

楽器アレンジ

ティンパニーが入ると迫力満点になりますが、キーボードやティンパニーが無くても演奏できます。

ピアノ伴奏のコツ

● 左手がよく動くので、重点的に練習しましょう。
● E のみ4分の4拍子から4分の3拍子に変わることに注意して練習しましょう。

導入方法

曲を聴いてみよう！

ピアノやCDの音を聞いてみましょう。「どんな惑星があると思う？」など、話し合ってみてもいいですね。

曲を区切って練習しよう！

最初は A を練習し、次に B …と順番に区切って進めましょう。

JUPITER

♪ JUPITER

173

♪ **JUPITER**

JUPITER

JUPITER

♪ JUPITER

♪ JUPITER

5歳児 ♪ シンコペーテッド・クロック

作曲／Anderson Leroy　編曲／佐藤千賀子

時計のカチカチという音が聞こえてくる曲です。みんなで合わせられると、とてもかっこいいです。楽しく表現しましょう！

演奏時間　約3分
- 短くしたいときは、「1.」を省いて「2.」に移りましょう。

押さえておきたい！ 演奏のコツ　これができたら大丈夫!!

基本のリズムパターン

まずは、この2つのリズムで手拍子などをしてみましょう。

パターンI

パターンII

盛り上がりポイント

Fのウッドブロックは聞かせ所です。

ピアノ伴奏のコツ

- シンコペーション※のリズムがたくさん出てくるので、右手をしっかり練習しましょう。
- Eからヘ長調になるので、♭を忘れないようにしましょう。

※シンコペーション…強い拍と弱い拍の位置を通常と変えて、リズムに変化を与えること。

楽器と数の目安

楽器の種類
- 鉄琴
- 木琴
- 鍵盤ハーモニカ
- キーボード
- スズ
- タンブリン
- カスタネット
- トライアングル
- シンバル
- ウッドブロック
- 小ダイコ
- 大ダイコ
- ティンパニー

38人なら…

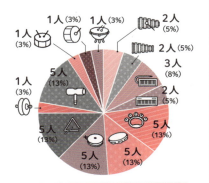

楽器アレンジ

キーボードやティンパニーがあると華やかになりますが、無い場合も演奏できます。
トライアングルの代わりに、ウィンドチャイムを使うと豪華になります。

導入方法　基本のリズムパターンを身につけよう！

パターンI のリズムで

1人で

♩は足でリズムをとり、♪は手拍子、𝄽のときは手をぎゅっと握りましょう。

パターンII のリズムで

2人で

𝄽は手をぎゅっと握り、♫♩は2人で手合わせしましょう。

♪ シンコペーテッド・クロック

♪ シンコペーテッド・クロック

♪ シンコペーテッド・クロック

♪ シンコペーテッド・クロック

♪ シンコペーテッド・クロック

♪ シンコペーテッド・クロック

♪ シンコペーテッド・クロック

♪ シンコペーテッド・クロック

©1946 (Renewed 1974) EMI MILLS MUSIC, INC.
All rights reserved. Used by permission.
Print rights for Japan administered by Yamaha Music Entertainment Holdings, Inc.

5歳児 ♪ 情熱大陸

作曲／葉加瀬太郎　編曲／佐藤千賀子

リズムにのって自由に表現してみましょう。みんなでリズムをつくると迫力満点！ ちょっと難しい曲に挑戦したいクラスにおすすめです。

演奏時間　約6分
- 短く演奏したいときは、Cの「1.」を省いて「2.」へ移りましょう。

押さえておきたい！ 演奏のコツ 〈これができたら大丈夫!!〉

基本のリズムパターン

まずは、この2つのリズムで手拍子などをしてみましょう。

パターンⅠ

パターンⅡ
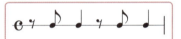

盛り上がりポイント

Eでは、好きなリズムで演奏し、楽しい気持ちを自由に表現すると、その後のFがより盛り上がります。

楽器と数の目安

楽器の種類
- 鉄琴
- 木琴
- 鍵盤ハーモニカ
- スズ
- タンブリン
- カスタネット
- トライアングル
- シンバル
- ウッドブロック
- 小ダイコ
- 大ダイコ

30人なら…

- 鉄琴 2人（7%）
- 木琴 2人（7%）
- 鍵盤ハーモニカ 3人（10%）
- スズ 5人（17%）
- タンブリン 3人（10%）
- カスタネット 5人（17%）
- トライアングル 4人（13%）
- シンバル 1人（3%）
- ウッドブロック 3人（10%）
- 小ダイコ 1人（3%）
- 大ダイコ 1人（3%）

もっと豪華に
保育者がボンゴやコンガなどでリズムをとると、更に豪華になります。

ピアノ伴奏のコツ

- 曲の構成は、AとD、CとFの繰り返しです。流れを把握できると子どもたちに伝えやすいですね。
- ♩♫、♬♬のリズムに慣れるように、手拍子してみましょう。その後、片手ずつ練習してみましょう。
- 左手の和音は音が離れているので、注意しましょう。
- 左手の♩♩♩♩のリズムはしっかりとテンポを保つよう、意識しましょう。

導入方法

身体でリズムを感じよう！

とてもリズミカルな曲なので、CDなどをかけて、リズムを身体で感じられるようにしましょう。

保育者のまねをしてみよう！

Eのリズムは保育者のまねから始めましょう。そこから、子どもたち自身でリズムをつくれるようになるとうれしいですね。

情熱大陸

♪ 情熱大陸

♪ 情熱大陸

♪ 情熱大陸

♪ 情熱大陸

5歳児

♪ 雨メドレー（雨にぬれても〜雨ふり〜雨にぬれても）

雨にぬれても：作詞/David Hal　作曲/Bacharach Burt F・David Hal
編曲/佐藤千賀子　雨ふり：作詞/北原白秋　作曲/中山晋平　編曲/佐藤千賀子

雨が降っても、長靴で元気に遊ぶ子どもたちにぴったりの曲です。
水たまりをピチャピチャしながら歌うと楽しいですね。

演奏時間　約2分
- メドレーですが、一曲ずつでも演奏できます。

押さえておきたい！ 演奏のコツ
これができたら大丈夫！！

基本のリズムパターン

まずは、この2つのリズムで手拍子などをしてみましょう。

パターンⅠ

パターンⅡ

盛り上がりポイント

♪♩♪♩のリズムをはっきりとした音で表現すると、メリハリがついてすてきになりますよ。

もっと盛り上がる アレンジ
合奏→歌→合奏にすると、変化が出て楽しいです。

楽器と数の目安

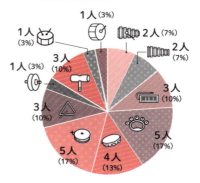

楽器の種類	30人なら…
鉄琴	1人 (3%)
木琴	2人 (7%)
鍵盤ハーモニカ	2人 (7%)
スズ	3人 (10%)
タンブリン	5人 (17%)
カスタネット	4人 (13%)
トライアングル	3人 (10%)
シンバル	5人 (17%)
ウッドブロック	1人 (3%)
小ダイコ	1人 (3%)
大ダイコ	3人 (10%)

ピアノ伴奏のコツ
- 3連符を「レタス」など、言葉で言いながら弾くと、均等に弾けるようになります。
- 4分の4拍子、4分の2拍子、4分の4拍子になるので、練習をするときにはテンポを一定に保つように注意しましょう。

導入方法

ゆっくりと練習してみよう！

♩♪♪♪のリズムの練習をすると、ゆっくり拍子をとることができるので、♪♪♪のリズムの上達が早くなります。♩は足で、♪は手でリズムをとってみましょう。

トン

タン タン タン

手足でリズムをとろう！

足を使うことで長靴を履いて歩いているイメージが、子どもたちの中で膨らみます。

198

♪ 雨メドレー（雨にぬれても〜雨ふり〜雨にぬれても）

♪ 雨メドレー（雨にぬれても〜雨ふり〜雨にぬれても）

現場の先生に聞きました！
発表会でよくある！困りごとQ&A

Q リズムをとることが苦手な子どもに、どのような援助ができるでしょうか？

A 身体表現や遊びを通して

園に行くと、黒板や保育室の後ろに、合奏のパート別の楽譜が紙に書かれ貼ってあるのをよく見かけます。しかし、子どもたちがそれを見て練習することはなかなか難しいことです。「♩♩♩のリズムよ」と指導するのではなく、保育者が基本のリズムを把握し、それを子どもたちが手や足を使って表現したり、2人組になって遊んだりして、基本のリズムをしぜんと身につけられるように工夫することが大切です。
2人組でリズム遊びをするときは、リズムが苦手な子と得意な子が組むように配慮すると、得意な子が苦手な子に教える姿が見られます。このようにリズムで十分に遊んだ後、合奏する曲に合わせていくと、リズムが苦手な子どもも音楽を楽しむことができます。

Q 音楽や楽器に関心がない子どもへの援助に困っています…。

A その子にとって心地良い音楽を

音楽に関心のない子どもはいるのでしょうか？　音楽が流れていたら、しぜんと口ずさんだり、身体が揺れたり、リズムをとったりする子どもの姿が見られるのではないでしょうか？　それは、その子にとって、その音楽やリズムが心地良いからです。もし、クラスの中に音楽や楽器に関心のない子どもがいたら、それはクラスで決まった曲を演奏するのがその子にとって心地良くないのかもしれません。興味や関心をもてるように曲を流す、お話をする、みんなで曲に合わせてリズムをとる、歩く、歌うなど、遊びを通してしぜんに音楽を楽しめるような工夫をしましょう。

Q 子どもたちが本番までに飽きないようにするにはどうすればよいでしょうか？

A いろいろな練習方法を試そう

みんなの気持ちがまとまり、一番演奏が上達したときが本番になるよう、逆算して練習計画を立てることが大切です。もし、予定よりも早くまとまってきたときは、例えば今日はスズとタンブリンの子どもだけの練習にして、他の子どもはお客さんになって演奏を聞く、次は交代してカスタネットとトライアングルの子どもたちが練習する、というように進めると、保育者も各パートの様子を確認することができます。最後に1回、みんなで演奏して終えると、子どもたちは違った感覚で曲を捉えることができます。

Q ピアノ伴奏を弾きながら子どもに教えるのが難しいです。良い方法はありますか？

A いろいろなテンポのピアノ伴奏を録音しておこう

ゆっくりとしたテンポのピアノ伴奏と、普通のテンポのピアノ伴奏を自分で弾いて録音します。気になったところで止めて合奏の練習ができるので、部分練習にも使えます。初めはゆっくりとしたテンポで、その後、普通のテンポで合わせてみましょう。
子どもが自分のパートを理解し、少しずつできるようになってきたら、録音ではなく保育者の生演奏に合わせられるように、順を追って練習していきましょう。保育者は、それまでに楽譜を見ず弾けるよう繰り返し練習しましょう。

Q すてきな演出の工夫を教えてください！

A ソロパートが目立つ工夫を！

舞台のバックにその曲らしい絵を貼ったり、舞台端に小道具を作って置いたり、お面を付けたりといろいろな工夫ができますが、演奏中の工夫も大切です。合奏アレンジの中にソロパートがあるので、スズとタンブリン、カスタネットとトライアングルなど、それぞれのペアの所を強調して演奏しましょう。ほかのパートの子どもが演奏中のパートを指差したり、体を向けたり、指揮を子どもがしたりするなど、少しの工夫を加えるだけですてきになりますね。

コード表

コードの基本と、本書に出てくるコードを一覧にしました。ピアノ伴奏をアレンジするときに参考にしてください。

♪ コードの基本形

	C（ド）	D（レ）	E（ミ）	F（ファ）
メジャー □	C（シー）	D（ディー）	E（イー）	F（エフ）
マイナー □m	Cm（シー・マイナー）	Dm（ディー・マイナー）	Em（イー・マイナー）	Fm（エフ・マイナー）
ドミナント・セブンス □7	C7（シー・セブンス）	D7（ディー・セブンス）	E7（イー・セブンス）	F7（エフ・セブンス）
マイナー・セブンス □m7	Cm7（シー・マイナー・セブンス）	Dm7（ディー・マイナー・セブンス）	Em7（イー・マイナー・セブンス）	Fm7（エフ・マイナー・セブンス）

そのほか、本書で使われているコード

C	D	E	F
CM7（シー・メジャー・セブンス）	D7sus4（ディー・セブンス・サスフォー）	Edim（イー・ディミニッシュ）	FM7（エフ・メジャー・セブンス）
C6（シー・シックス）	Dm9（ディー・マイナー・ナインス）		FmM7（エフ・マイナー・メジャー・セブンス）
Cm6（シー・マイナー・シックス）	Ddim（ディー・ディミニッシュ）		Fm6（エフ・マイナー・シックス）
Csus4（シー・サスフォー）	D#dim（ディー・シャープ・ディミニッシュ）		Faug（エフ・オーギュメント）
C7sus4（シー・セブンス・サスフォー）			F#（エフ・シャープ）
Cdim（シー・ディミニッシュ）			F#m（エフ・シャープ・マイナー）
Cdim7-5（シー・ディミニッシュ・セブンス・フラット・フィフス）			F#7（エフ・シャープ・セブンス）
C#dim（シー・シャープ・ディミニッシュ）			F#dim（エフ・シャープ・ディミニッシュ）
C#dim7（シー・シャープ・ディミニッシュ・セブンス）			F#dim7（エフ・シャープ・ディミニッシュ・セブンス）

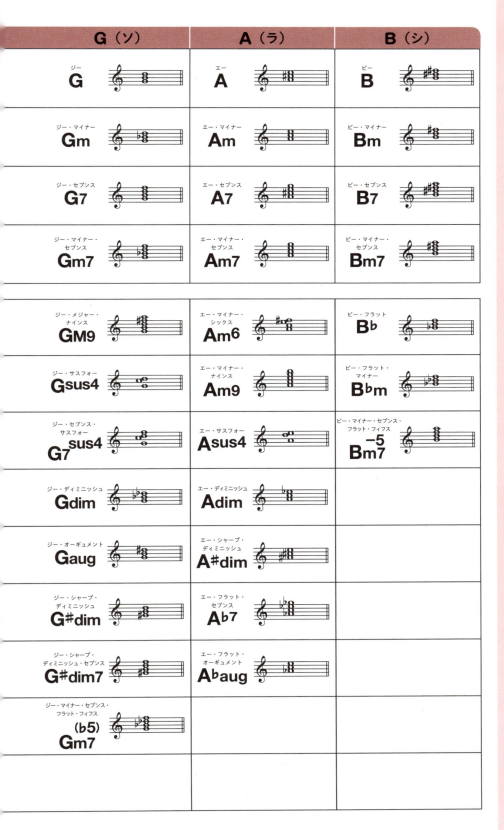

コードとは

まず、音名を英語読みすると下記のようになります。

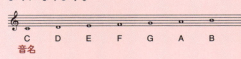

下記の音を3音ずつ重ねたものが和音です。

和音の転回形

Cコードを例に紹介します。

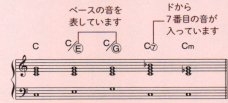

アレンジ方法

コードを元に、伴奏にアレンジを加えられます。

ほかのコードも同様に、いろんな伴奏のアレンジをしてみましょう。

編著者　佐藤千賀子
道灌山学園保育福祉専門学校専任講師

幼児音楽専門講師として、園での子どもたちへの直接指導や、保育者対象の講習会を行なっている。
主な編著書：『年齢別 2〜5歳児 合奏楽譜百科』（ひかりのくに）
『カラピアノCDつき 2〜5歳児 よりすぐり名曲 合奏楽譜集〜定番のあのクラシックと童謡で！〜』（ひかりのくに）

STAFF

本文イラスト● 北村友紀・たかぎ＊のぶこ・常永美弥・とみたみはる・みやれいこ

本文デザイン● 宮代佑子（株式会社フレーズ）

本文DTP● 小松桂子（株式会社フレーズ）

楽譜浄書・校正● 株式会社福田楽譜

校正● 株式会社文字工房燦光

企画・編集● 三宅 幸・井家上 萌・北山文雄

本書のコピー、スキャン、デジタル化等の無断複製は著作権法上での例外を除き禁じられています。本書を代行業者等の第三者に依頼してスキャンやデジタル化することは、たとえ個人や家庭内の利用であっても著作権法上認められておりません。

保育で使える 合奏楽譜ベストセレクション

2018年9月　初版発行
2024年9月　第10版発行

編著者　佐藤千賀子
発行人　岡本 功
発行所　ひかりのくに株式会社
〒543-0001　大阪市天王寺区上本町3-2-14
　　　　　　TEL 06-6768-1155　郵便振替00920-2-118855
〒175-0082　東京都板橋区高島平6-1-1
　　　　　　TEL 03-3979-3112　郵便振替00150-0-30666
ホームページアドレス　https://www.hikarinokuni.co.jp
印刷所　大日本印刷株式会社

©Chikako Sato 2018　　　　　　　　　　　　Printed in Japan
乱丁、落丁はお取り替えいたします。　　　ISBN978-4-564-60917-6
JASRAC 出1806799-410　　　　　　　　　　NDC376　208P　26×21cm
　　　　　　（株）ヤマハミュージックエンタテインメントホールディングス
　　　　　　出版許諾番号　20240225 P